# 再訪の山

児玉すみ子

郁朋社

## 眺めた山

槍ヶ岳（天狗原から）
第二章

戸隠連峰
（小鳥ヶ池から）
第一章

穂高連峰
（涸沢から）
第二章

登頂した山

浅草岳
（紅葉と初冠雪）
第一章

燕岳
（北アルプスを背に）
第二章

針ノ木岳から
スバリ岳へ
（長丁場の縦走路一部）
第二章

男体山
（戦場ヶ原から）
第三章

マッキノン峠
（ミルフォード・トラック）
第三章

白馬岳（栂池湿原から）
第二章

水と植物

鉱泉水を好むチャツボミゴケ　第三章

チャツボミゴケ散策路
（六合村）
第三章

多雨地域の森
（ミルフォード・トラック）
第三章

水の流れが育む植物
（プリトヴィツェ湖）
第三章

さまざまな水の流れ

奥入瀬渓流　第三章

奥入瀬の滝　第三章

ミルフォード・トラックの滝　第三章

# 山の花

アカヤシオ　第三章

トウヤクリンドウ　第三章

チングルマ
第一章

ハクサンコザクラ　第二章

ヒメサユリ
第一章

## 山の秋

鬼ヶ面山　第一章

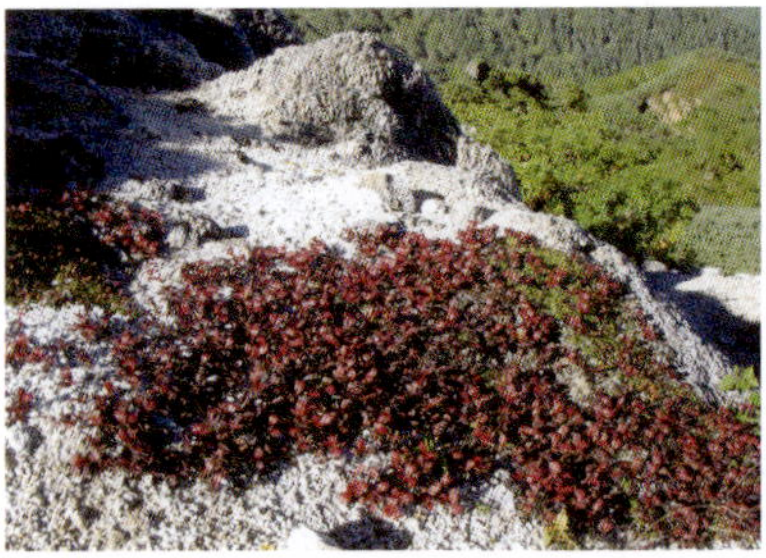

花崗岩に映える紅葉
燕岳　第二章

ブナ林　第一章

浅草岳登山路から　第一章

槍沢　第二章

# 再訪の山／目次

## 第一章　山への想い深まる（七十代）



## 第二章　山に魅せられる（五十代後半から六十代）

## 第三章　再訪の山・山麓を歩く（八十代）

●フットパス歩き

第一章

# 山への想い深まる（七十代）

リウマチの後遺症を抱えながらも登山コースの一部を訪れる再訪の山旅

## 石仏に伝える思い〈飯縄《いいづな》山再訪〉

最初に、飯縄山を訪れたのは、私の山歩きの師とその友人たちとであった。初心者の私は何もかもが珍しく、嬉しかった。山道に一定の間隔で現れる道標のような石仏に惹かれて、一体、一体お名前をメモし、一行から遅れをとり注意を受けた。

時は八月下旬。頂上には、赤とんぼが空を覆い隠すほど飛んでいた。また、赤や紫を基調とする初秋の花々に初めて出会った。シモツケソウ、トモエシオガマ、タムラソウ、トリカブトなどと教えられた。

下山は同じ道を、リーダーの指示で私が先頭になった。よく整備された道を勢いにまかせてパタパタと止まることなく歩いて、また、たしなめられた。

次は、数年後の六月、緑の葉を通して降る木漏れ日のなか、友人Nと歩いた。私たち二人はシチリア旅行から戻ったばかりだった。タオルミーナという町の、丘の上から街へ急降下する道に、一定の間隔に置かれた十数個の「キリストの十字架への道行き」の像を思い出していた。それはキリストが捕らえられ、十字架を背負い歩かされ、磔刑に処せられた場面を順に表す金属の彫りものだった。

飯縄の石仏とキリストの道行き像、東西それぞれの像が意味するもの、その表現の方法について話がはずんだ。私たちにとっては難解すぎる話題も、山の霊気に包まれると、自然になじんでいた。

頂上近くなって、ムラサキヤシオの華やかな深紅が緑に映えて現れた。戸隠連峰、高妻山、それに、雪まじりの妙高、火打、焼山が青空に浮かび、かなたには、北アルプスの白い峰の連なりがもやにかすんでいた。下りは、西登山道を二時間ほど辿り、戸隠を訪れた。戸隠中社の御宿泊まり。次の日は戸隠高原散策の予定だったが、快晴に心浮き立ち、奥社の横から戸隠表山への急登の道へ誘い込まれていた。屋根状に張り出した岩壁の下を二つ通り過ぎると、岩場や鎖場が次々に現れる。岩陰にザックを隠し身軽になってそれらの難所をこなした。

さすがに「蟻の戸渡り」という山の背に幅五十センチの両側に切れ落ちた危険な岩場の

直前で引き返したのだが、帰途は、所々で休みながら、第一級の展望を楽しんだ。高妻山の鋭鋒が、戸隠連峰のギザギザがそびえ立つ。濃淡の緑に埋め尽くされた広大無辺の森と原。眼前に迫る岩のオブジェ。すべてが、地球の出来上がりを物語る壮大なドラマの、一つのセットのようだ。

今は春。うららかな陽ざしに若葉が輝き、やさしい風が興奮した心身を和らげてくれる。その神秘的なたたずまいといい、圧倒的な道具立てといい、戸隠はまさに人々の崇め奉る存在……修験道の山である。それでも、途中まではいえ私たちのような素人も受け入れてくれた。私たちは困難を克服した後の安らぎと歓びに満たされていた。

「秋の戸隠もどんなにか美しいでしょうね」と友はつぶやいた。しかし、再訪は叶わぬまま、その数年後、彼女は逝ってしまった。

この地域は、長野駅から出ているバスで容易に訪れることができる。娘が長野市に住んでいるため、私は肘や膝に難が生じた後も、飯縄・戸隠両高原に点在する池や林や原の散策程度なら、季節に応じて楽しむことができた。

そして今日、初めての登山から二十数年を経て、再び、私は飯縄山の登山口でバスを降りた。二つの鳥居をくぐって、山道に入った。まず、第一不動明王の石仏に出会う。ここから十三体ほどのさまざまな石仏が樹の根元に、岩の上に、草むらの中に現れる。

文殊菩薩とか、普賢菩薩とか、馬頭観音とかそれぞれの名の由来や、如来、菩薩、明王の違いを知りたいと思ったり、置かれた順番に意味があるのかといぶかったりして歩いた過去の日々を思い出した。

自分の現在の身体状況を考慮して、第十一阿弥陀如来の座す「駒つなぎの場」で引き返したのだが、帰途も石仏の前にたたずんだ。私には伝えたい思いがあった。

「この道を共に歩んだ人は皆、故人となってしまいました。今、私の歩けるペースに付き合ってもらえる人は誰もいません。山はいつも変わらず迎えてくれるけれども、訪れる人の身は、生老病死のさだめを負っているものなのですね」

雨風にさらされ、朽ちなんとして顔も姿も詳らかでないものもある石仏たちは、長い年月に亘って、擦り切れるまで人々の思いを受け止めてきたのであろう。そして今日、私もまた、切実な思いを伝える一人となった。

奥社と戸隠連峰

## 亡き友Nに捧げる 〈大《だい》菩《ぼ》薩《さつ》嶺《れい》再訪〉

朝七時、私は大菩薩の稜線上に腰を下ろしている。眼下に甲府盆地がひらけ、そのはるか上には南アルプス連峰が並び立ち、富士山も雲の上に頭をのぞかせている。さえぎるものの一つない、空と山と地の広がりである。いつもは登山者で賑わう稜線沿いの道に、人影はない。私の独り占めである。

昨日、「快晴続く」の天気予報に、大菩薩山行を思い立った。山腹の「ロッヂ長兵衛」に一泊し、朝まだき、芽吹き始めた木々の生気を吸い込みながら、峠への道をはつらつと歩いてきたのだった。そして今、完璧な時間と空間を享受している。それなのに、心にみなぎる幸福感のなかに漂う哀感、これは何なのだろうか。

数年前、友人Nと共にこの稜線を歩いた。彼女にとっては初めての大菩薩だったのに、そのときは残念ながら、真っ白なガスに覆われ、一寸先も見えなかった。今回はこんな快晴にめぐまれたのに、Nは私の横に座してはいない。昨夏、くも膜下出血に倒れ、その後遺症ゆえに登山どころではない状況なのである。その現実が重く私の心にのしかかっているのだった。

それでもあのとき、翌朝は霧も晴れ、明けゆく空に途切れることなくアウトラインを描く山々の連なりを、峠の宿「介山荘」から眺めることができた。私たちは一晩で冬の到来を思わす冷気に身を震わせながら、心に熱く湧いてくる感情を共有していた。そして、下りは、「牛ノ寝通り」と呼ばれる、とてつもなく長く、ゆるやかな下山路を辿り、何度も立ち止まり眺め、座り込み語らい、時を忘れた。

午後のバスに充分間に合ったのに、私たちはどちらからともなく、最終のバスにしようと決めていた。紅葉、黄葉が常緑樹の緑と午後の柔らかい陽の光に浮き立ち輝く、秋まっさかりの山道を心ゆくまで味わいたいという同じ思いだったのである。

そのため、奥多摩の小菅のバス停に着いた頃には、真っ暗になり、冷え込むなか、最終のバスまで二時間強、持て余すことになった。ひとつだけ明かりの灯った店を見つけ、何か飲食できないか尋ねた。「家族の食べた味噌汁の余りならある。それにあり合わせの材料で、焼き飯を造ってあげよう」と、年老いた女主人は優しく迎え入れてくれた。私たちは顔を見合わせて、「熱燗を一本ずつ」と申し込んだ。めったにないことだが……

思い出をたどりながら、一方で、私は昨日の宿、「ロッヂ長兵衛」近くに見つけて歩いた「やまなしの森林百選ウラジロモミの林」のことを想った。車いすでも森林浴ができるように、立派な広い木道が続く快適な散策路だった。「ここなら、Nさんも来られるかもしれない！」と希望がわいたのだった。麓からロッジまでは車道が通じている。「車いすのまま、ご自宅からここまで来られる日が訪れるかもしれない」と思うと、私は森の中を歩きながら、森がさらに美しく、親しいものに感じられた。

モミの木の濃い緑と、芽吹き始めたブナやミズナラの淡い緑に、さまざまな木々の芽の黄や赤がちらほら色を添え、森は春の訪れが充満していた。山桜もほんの数本ながらピンク色の花びらで、深い原生林にほっかりと灯をともしていた。この散策路の行き先には少し小高い丘があって、ダム湖を眼下に、大きな富士が堂々たる体躯を現した。そのとき、私にはNの歓声が聞こえたように思えたのである。

大菩薩山行のコースは、甲州側、奥多摩側からそれぞれ何本か通じている。これまで私は再訪を繰り返し、この山域を縦横無尽に歩いてきた。夏、いま私が座している稜線上の道は、可憐な花々で埋め尽くされる。秋、カラマツが黄金色に染まる道もあれば、急降下ながら、さまざまに色付いた葉が豪華に空を覆う道もある。古木が枝を張り、苔むす岩や洞が幽玄な雰囲気をかもし出す道は、平坦な散策路なのに、いつも人影が少なく、静かだ。一方、奥多摩に向かう道はいずれも長く、忍耐を要する。その他にも、うっそうとした原生林の道を越えると明るいカヤトの原が広がり、そこにはなつかしさを覚える素朴な山小屋というコースもある。

大菩薩の広大な山域はいつまでも変わらず、その懐の深さと、さまざまな特色を備える魅力と、展望のみごとさを保ち続けるであろう。しかし、ここを訪れる人の身には絶えず変化が起こり、無常そのものである。古き昔から現在まで、無数の人々がそれぞれの思いを懐き、この道を歩いたことであろう。そして、いずれは誰にも、再訪の叶わない日が訪れるのであろう。

胸に湧きいずる思い出そして想いと共に、眼前の大パノラマを心一杯、目一杯焼き付けて、私は一歩、一歩下っていこう。そうだ、今日は、もう一つの「やまなしの森林百選コメツガの森」の道を下っていくことにしよう。

## いのちのうごめき〈ヤシオツツジの山再訪〉

最初にアカヤシオに出会ったのは、奥武蔵の蕨山《わらびやま》であった。四月十三日、うららかな春の日だった。手ごわい急登に息はずませ、やせた岩場を通過するとき、その群れは現れた。青空を背景に、上品なピンク色のトンネルに入ったようだった。赤ん坊がぱっと丸っこい指を広げたふうな愛らしい花である。その大きな群がりは、喘ぎあえぎ登ってきた私たちをやさしく包みこんでくれた。

足元には、淡いピンクのイワウチワが所狭しとばかりに埋め尽くし、まさに「春らんまん、花々の喜ばしき出迎えあり」だった。

この時以来、私は春になると、ヤシオツツジに再会する旅を企画するようになった。

アカヤシオは、兵庫県から福島県の間に植生するといわれる。私は毎年、関東地方を中心に巡り会いを続けた。

西上州の小沢岳、鹿岳《かなだけ》、笠丸山、天狗岩、大屋山、物語山。日光の鳴虫山、明智平、茶ノ木平、薬師岳、高山。鬼怒川の平方山《ひらかた》。桐生、足尾方面の備前楯山《びぜんたてやま》、袈裟丸山、鳴神山、根本山、石裂山《おざく》。赤城の黒檜山《くろび》。そして秩父の両神山。

四月下旬から五月下旬まで、それぞれの地で少しずつ花期が異なる。年によっても最盛期が異なるので、目指す山を決めると、何度も電話で確かめて、その最も美しい姿に出会いに行った。

アカヤシオの魅力は色・形だけではない。葉が出る前の枝を大柄な花がびっしりと埋めて、遠くから見ると、枯れ木林に花の雲がかかるといったたたずまいが麗しいのである。

特に北寄りの高い山では、まだ芽吹きがない地味な山々が、ピンクの装いをそちらこちらで始め、ぱっと明るくなった感がする。

また、アカヤシオは険しい岩場を好む。黒々とした、ゴツゴツした岩の絶壁や峡谷に、やさしげな花のかたまりが点在する。なんの違和感もなく、ごく自然に。その柔と剛の対照の妙に心惹かれるのである。

ヤシオツツジの仲間には、アカヤシオの他に、シロヤシオとムラサキヤシオがある。少し時期をずらすと、これらが加わってくる。シロヤシオは緑の葉を伴うので、更に色の競り合いは激しくなり、山は春たけなわの賑わいに満ち溢れる。

毎年、恒例行事のように、ヤシオツツジに会う旅を続けてきた私も、数年前から、膝の痛みに悩まされ、遠出を避けるようになった。しかし、今年六月、陽に誘われるように赤城山方面へ向かった。サポーターで身を防護しての一人旅である。ゆっくり、マイペースで、起伏の少ない散策コースで花に出会えればと思った。

覚満淵《かくまんぶち》から鳥居峠、そして長七郎山へと向かう。緑の中に山ツツジとトウゴクミツバツツジが現れる。曇りがちで、視界はあまり良くないものの、山頂からの眺望に久しぶりに山に登れた喜びを感じた。下りは少し急で足に応えるが、時間をかけて、一歩一歩大切に下った。計画していたオトギの森往復はカットして、小沼《この》に向かって帰途についた。

小沼といっても、大きな沼で、今日は人影もなく静かだった。湖畔の道を歩いていくと、片側一面に、シロヤシオの林が続いている。花開いたものはなく、白みを帯びた蕾が鈴なりだ。固く閉ざしたものあり、ふっくらゆるんだものあり、今にも開きそうな勢いのある

アカヤシオ満開

シロヤシオ　空を埋める

大きなものもあり……それらにじっと目をこらしていると、蕾たちは語りはじめたのである。

「もうすぐ開くんです。もう少し陽の光を浴びたら、風が暖かさを運んでくれたら、雨また雨の日のあとに、咲くんです。そのときまで一日、一日、胸ふくらませて待っているんです。一年のうちでもっとも晴れがましく、喜ばしいときを迎えるんです」

幾千、幾万にも及ぶ蕾の大群が放つ力強い息吹に圧倒された。花開く前の、蕾たちのさまざまな準備段階に、近く、親しく触れて、私の心は震えた。二十数年間、毎年、盛りの時期に合わせて花に会う旅を続けてきたが、これは今回初めて出会った情景であった。

腰を下ろし、そして、胸に描いた。みずみずしい葉の緑と、清らかな花の白が水辺に映えるだろう数日後を。

しかし、その満開の時期に合わなかったことを、私は悔やまなかった。足をかばいながら二本のストックを頼りにここまでやってきた。ハンディを背負う身となって気づくようになっていたのである。「自然の営みの、いずれの時期にも、芽であれ、蕾であれ、花であれ、枯れ落ちる葉であれ、その時期ならではの固有の姿がある。そのいずれもが、いのちのうごめき、移ろいを表している。そして、それぞれに味わい深いものであるのだ」と。

# 念願の登（下）山口　〈浅草岳再訪〉

浅草と言えば、東京下町の浅草しか思い浮かばないが、新潟と福島の県境に、浅草岳という山が在り、その登頂計画をしていると、私の山の師から聞かされてから、その名は強く心に残っていた。しかし、実現されぬまま、彼女は逝ってしまわれた。彼女が口にされた山はすべて訪れたい――私の心に根付いた追慕の念だった。

そして実現したのが、守門《すもん》岳と組み合わせての団体ツアー。国民宿舎浅草山荘泊、二泊、新潟県側の桜ソネ登山口から、六月下旬のひめさゆり目当てのコースに参加した。雪解け後のどろんこ道に往生したが、雪渓の白、ひめさゆりのピンク、草原の緑の取り合わせが、この季節の初々しく、清らかな光景を見せてくれた。あいにくの梅雨空、頂上からの眺望はなく、浅草岳の魅力の何分の一かに触れただけに終わった。

次は、紅葉の盛りの時期に、只見泊。福島県側の只見沢登山口から登った。沢を幾度も渡り、滑りやすい道を登っていくと、広大な山の斜面が現れる。紅や黄やうす紫に加えて緑を織り込んだ錦の布が山体という一つの宇宙に投げ入れられた感がする。一方、辿る道には、灰白色と黒茶色のまんだら模様の幹や枝に、黄褐色の葉を陽にきらめかせ、風に震わせてブナ林が続く。やがて、左側に、鬼が面山のギザギザの岩壁が迫ってくる。鋭利な刃物の連なりを思わす厳しさだが、その下方には、これまた柔らかな錦の衣が多数の深いしわを見せてたなびいている。

痩せ尾根の急登も何のその、活力を吹き込まれて、私は展望抜群の剣が峰を過ぎ、頂上へ歩を進めた。そこには新潟県側の山々がずらりと並んで待ち構えていた。越後三山、荒沢岳、はるかに燧《ひうち》ケ岳の姿もあった。

帰りは、夕方一本だけある只見線小出《こいで》行に間に合うまでの時間をたっぷり、午後の陽ざしに光る田子倉湖を見下ろしながら、登りとは一味違う下りで楽しんだ。

数年後、この浅草岳の秋の偉業を紹介しようと、友人を案内した。小出泊、朝一番の只

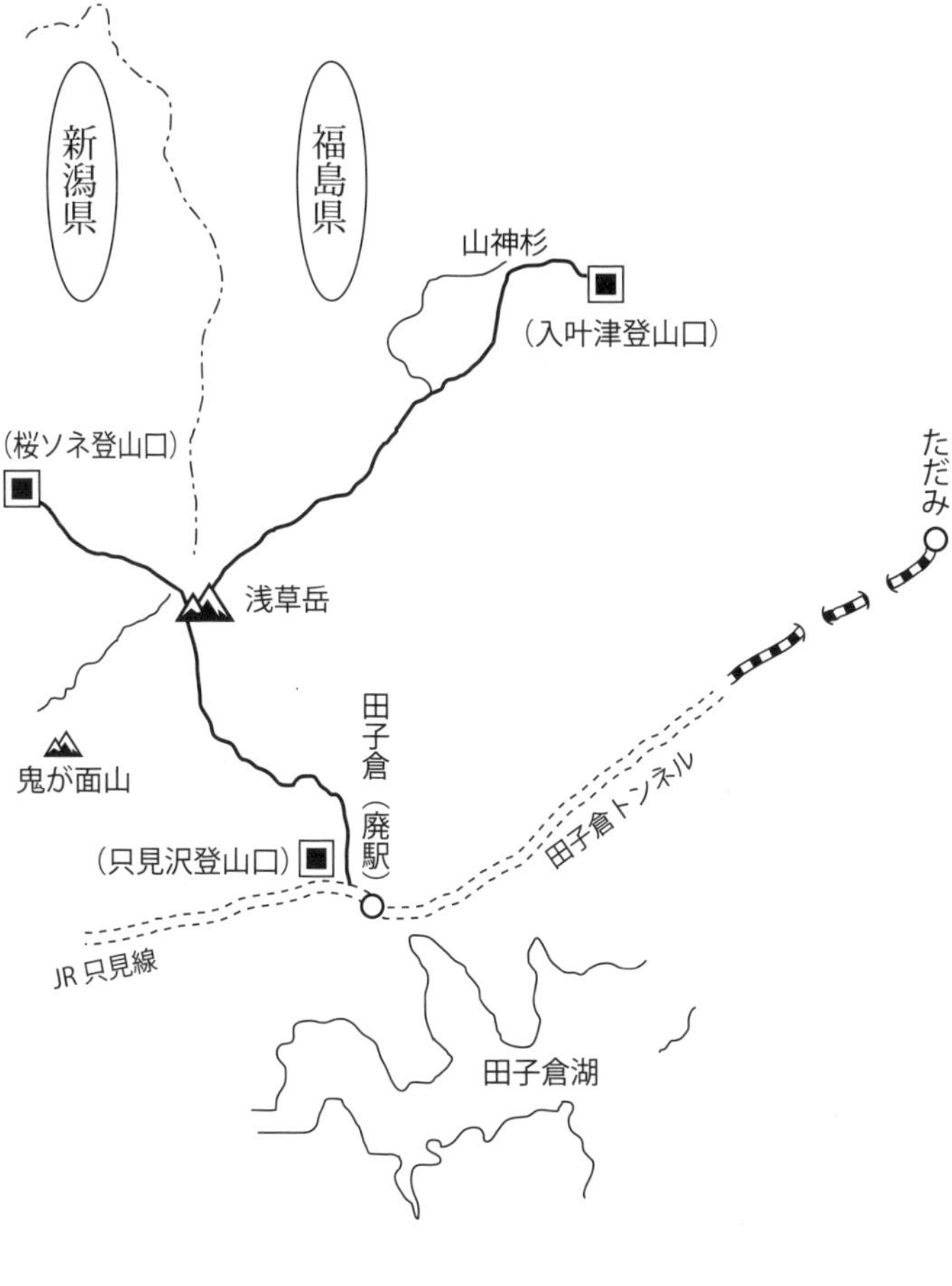
新潟県
福島県
山神杉
（入叶津登山口）
（桜ソネ登山口）
ただみ
浅草岳
鬼が面山
田子倉（廃駅）
（只見沢登山口）
田子倉トンネル
JR 只見線
田子倉湖

見線の旅。二両の小粒の列車がトコトコ走っては止まる悠長なものだが、只見川に沿って、山深くのどかな田園風景を楽しむには絶好だった。翌日、浅草岳再訪。往きは前と同じく、急峻だが、豪勢な只見尾根コース、帰りは大規模なブナ林を抱く、未経験の「入叶津《いりかのうづ》登山口」へ下る縦走の予定だった。しかし、初心者の友人を、秋の日の短い時期に、長い下山路に誘うことは断念し、念願だった下山路は未踏のまま、何年か過ぎた。

その何年かの間に、さまざまなことがあった。

平成二十三年七月、奥会津地方は新潟・福島豪雨で甚大な被害を受けた。只見線は鉄橋が落ち、線路もずたずたにされ、現在（平成二十七年）も只見・会津川口間は復旧せず、代行バスが運行されている状況である。時を同じくして、私自身もリウマチに罹り、更なる浅草岳再訪の願いは絶たれた。

ところが、只見地域は深刻な水害に苦しむ一方で、ここ十数年来、悲願の目標達成に励んでいたのである。「自然首都・只見」を宣言し、平成の大合併を選択せず「人間社会と自然環境の共生を実践するモデル地域」という独自の町づくりに着手したのだった。自然環境に配慮した産業振興、循環型、持続可能な利用活用を考え、実行し、教育する町づくりである。その努力が世界的にも認可され、平成二十六年に、ユネスコエコパーク（注）登録が決定した。

これを機に、様々な企画を打ち出した只見観光協会主催のツアーに、その年の秋、参加した。「ただみ・ブナと川のミュージアム」という立派な施設での映像による紹介で、浅草岳の特異性を知った。豪雪地帯ゆえに雪崩による粗削りな「雪食地形」を造り出し、さまざまな植物がその地形に応じて生育する「モザイク植生」、その一例があの大規模な、原生のまま残されたブナ林であるという。「恵みの森」「癒しの森」と名付けられたブナ林を案内された。天然のダムとして豊かに水を蓄えるブナ林は、山菜やきのこ、淡魚などを昔から人々の暮らしに恵み、土砂崩れを防ぎ、豪雪地帯でも力強く生きる落葉樹として、浅草岳のシンボルなのだという説明があった。

そして、今年は新緑に萌える季節に、「浅草岳・山神杉のブナ林トレッキング・コース」に参加した。実は、これは長年辿りたかったが果たせなかった「入叫津登山口」コースの、ほんのささやかではあるが、一部を歩くものだった。山神杉まではつづら折りのゆるやかな登りで周辺のブナ林をたっぷり堪能した。ここからコースは二手にわかれ、頂上までの長い道程となるのだが、一方の、沼の平コースは豪雨と地震の影響で、地割れと崩落ゆえに立ち入り禁止となっているという。豪快な巨人も、怪我を負っているのだと痛ましかった。

いずれにせよ、今の私が辿れるのはここまでだった。ここからはブナ林の中の湖沼、大規模な樹海、大草原、そして展望の頂上に至る圧巻のコースとなる。今まで何度も、ガイドブックや地図を熟読し、胸にありありと描いてきた。しかし、私にはもう実現不可能なのだ。

それでも、山神杉から引き返す道すがら、一歩、一歩踏みしめながら思った。病も寛解状態になった私が今、ゆったりと歩いているのは巨峰・浅草岳の片一方の足先なのだ、念・願だった下山路の一部なのだと……幸せな気持ちに満たされていった。

亡き人が言い残してくれた未知だった山に、こうして再訪を繰り返し、その山と周辺地域の在り方、これからの方向性を認識できたのは何という巡り合わせであろうか。東京の自宅からほとんど一日がかりというはるか彼方にそびえる山に、そしてその恵みを賢明に受け止め、受け継いでいこうと努力する人々に、敬愛と親愛の気持ちをこめて、この文をしたためてきたのである。

（注）ユネスコエコパーク

ユネスコが実施する「生物圏保存地域」のこと。地域の自然環境の保護・保全を図りつつ、それを持続可能な形で利活用することで、地域の社会経済的な発展を図ることを目的に設けられた。世界では百十九か国六百三十一地域、日本国内では七地域が登録されている。（平成二十六年六月現在）

## ある出会い〈鹿沢《かざわ》高原の山再訪〉

群馬県と長野県の県境には、眺望に恵まれた、魅力的な山々が集まっている。湯ノ丸山、烏帽子《えぼし》山、角間《かくま》山、桟敷《さじき》山、村上山などである。山々だけでなく、千年以上の歴史を持つ鹿沢温泉、「百体観音」の名残、そして池ノ平湿原も近く、見どころの多い地域である。

六月中旬、全山レンゲツツジの赤に染まる湯ノ丸山は、花のシーズン中はリフトも動き、登山目的でない一般の観光客で混雑する。それを避けて、私はお隣の烏帽子山に足をのばしたり、鹿沢温泉から角間峠を経て角間山登頂、展望を楽しんだりした。

この時期、レンゲツツジだけが目標なのではない。山道には、小さく、愛らしい花々が顔をのぞかせる。ツバメオモト、スズラン、コイワカガミ、紅花イチヤクソウなど。出会うたびに名前を思い出し、呼び掛けては胸ときめかすのであった。また、この地域は白樺や落葉松の林が多い。幹の白と黒に加えて、若々しい葉の緑が空を覆う。晴れの日の緑のシャワーもいいが、梅雨時の霧に浮かび上がる姿にも魅せられる。

そんな再訪をして、年月が流れた。秋の鹿沢高原も訪れてみたいと思うようになった。昨年、「休暇村鹿沢高原」が長野新幹線上田駅まで送迎のバスサービスをしているとの情報を得て、申し込みをした。休暇村の施設の裏に登山口がある村上山に初めて登ること、翌日の午前中は、休暇村が主催する「湯尻川遊歩道の散策」に参加することに決めた。

天候に恵まれた十月末のある日、私はＪＲ上田駅十一時、迎えの車で休暇村鹿沢高原に向かった。

休暇村ホテルに着き、さっそく支度をして、施設の裏手から村上山への登山路に入った。道の両側すべてカラマツ林である。自然林であるというが、きれいに整えられたように青空にまっすぐ黒い幹を突き刺している。伸びやかな枝には黄金色の細長い葉を大量にのせて、午後のやわらかな陽光を受けている。その落ち葉が幾重にも敷き詰められている道は、ふかふかと踏み心地がよい。

カラマツ以外、特筆すべきものはない単調な登りだ。しかし、これこそ求めていたもの、今回の山旅で感じたかったものなのだ。まさに白秋の詩『落葉松』の「からまつの林を出でて、からまつの林に入りぬ。からまつの林に入りて、また細く道はつづけり」を実感していた。

やがて、展望が開けたところに出て、そこに建っているあずまやで一休みする。この近くに小さな湿原があるというので探してみる。池塘が散在して木道が廻らされている。何事もないような、地味でひそかな場所である。しかし、心の中に、深く静かな安らぎが生まれてきた。また林に入り、少し登ると頂上に出た。

浅間山の一部がまず、目に入る。堂々たるものだ。前方には延々と広がる嬬恋《つまごい》村の野菜畑。幾重にも山並みがそれを囲んでいる。左側の空に白く浮かぶのは草津白根山か。腰を下ろして広大な展望を楽しんでいると、物音がして、一人の年配の男性登山者が現れた。この山に入ってから人に初めて出会ったのである。

挨拶を交わすと、「標識を入れて、自分の写真を撮ってほしい」と頼まれた。それに応じると、彼はこう語った。

「私は九十一歳。三か月前に、がんの手術をしたばかり。今は薬と注射で、体を維持している。今度手術をしたら、九十九パーセント死ぬといわれている。体力をつけるため、こ

村上山のカラマツ林

うして歩いている。この山は冬に、何度もカンジキをはいて登ったので、秋に一度登ってみたかった」

「私の中学時代の山の友人は全員戦死してしまった。一人残された自分は、かれらの分までと思って、これまで登り続けてきた」

淡々と自己紹介するこの人に、私はどう声をかけたらよいのか戸惑った。頂上を独り占めしていた私に遠慮してか、はやばや山頂を後に下っていく彼に「お気をつけて」と言っただけだった。

私自身も八十歳近くなり、現在は、自分の体力、気力に応じた山を選んでは、一つ一つこれが最後という思いで登っている。がんという厳しい現実を背負いながらも自分の真に登りたい山を、覚悟して訪れるこの人には、はるかに及ばないけれども、その強い「山への想い」を共有することはできる。

翌日の午後休暇村からの送りのバスで、彼と一緒になった。上田駅で挨拶を交わして別れた。確かな足取りで遠ざかる後ろ姿に「どうか、一日、一日、お元気で、お大切に」と祈りを込めたのであった。

## 登山の苦と楽　〈吾妻《あづま》連峰再訪〉

吾妻連峰、この巨大な山塊を、あちらこちらから少しずつかじるのが、私の再訪、また再訪の旅だった。その周辺にある磐梯山、安達太良山と共に、東京から交通面で往復しやすい地域である。登山道は全域に縦横に延び、バスやロープウエイで、山域の内部まで入れる。麓の温泉、湿原の花、沼、原生林、荒涼とした火山、それらを含めて魅力あるコースを、条件に合わせて作ることができる。

東吾妻と呼ばれる山域は福島駅からのバスでアプローチする。手始めに、スケッチブック持参の酸《す》ケ平、鎌沼、姥ケ原を巡る旅。次には、アズマシャクナゲ盛りの時期に、不動沢橋（バス停）から五色沼を経て一切経山を下り、「もてなしの宿、吾妻小舎」に至る旅。翌朝、原生林とハイマツに覆われる東吾妻山登頂。

西吾妻方面へは米沢からバス。白布温泉からロープウエイ、リフトを乗り継いで標高千八百メートルの北望台が出発点。私たちは元気いっぱいで、湿原を疾走せんばかりに通過し、西吾妻山に登り、そこから難路を転げ落ちるように裏磐梯のデコ平へ下りた。

次から次へと山に魅せられ、登頂を繰り返していた頃、私には秘めた野望があった。この吾妻連峰を縦走することだった。東から、西から、どちらが良いか、地図とガイドブックで検討を重ねた。しかし、その後何年かのブランクがあって、縦走は夢と化した。


最近、病が寛解状態になり、年齢も重ねて無理はできないが、ハイキング程度なら可能となり、私は西吾妻の三時間ほどの散策コースを選び出したのである。目的は二つ、湿原を埋めるチングルマに会うこと、吾妻連峰縦走路のほんの一部でいいから辿ることだった。両方が叶う「縦走の通過地点の一つである人形石」をめぐるコースに決めた。

七月初旬、梅雨空の日、リフトの終点、北望台に降り立った。「ここから人形石まで三十五分」とガイドブックにあった。軽く考えていた。しかしこれが、しばらく高山歩きから離れていた私には予想外の厳しさだった。大きな石がごろごろと無秩序に重なり合っている。足場を探し、ヨイショと体を持ち上げて急登をこなす作業はこんなにつらいものだったのか。その上、雨模様のぬれた岩場の急登は緊張の連続でひどく疲れる。休み、休み登るためか、三十五分はとうに過ぎたのに、延々と樹林帯と石の連なりが続く。

「以前は、なんの苦もなく、面白いように足場を見つけて、ひょい、ひょいと足を動かせたのに……ああ、私にはもう高山は無理なのだ。限界なのだ。諦めて戻ったほうが賢明ではないか」

そんな考えがぐるぐる私の中をめぐり決断がつかぬままに、やがて、「人形石」の石の原に着いた。

座り込み、荷を下ろし、見回した。近くに縦走路への道標があった。計画では、これを少し辿ってみるつもりだったが、その元気も意欲も残っていなかった。

足元に、綿毛になってしまったチングルマの群落が見えた。チングルマに会いに来たんだと思い出した。余りの道の厳しさに花のことを忘れていた。ここに咲いていたんだなと思うだけで、心が和んだ。休憩後、ようやく人心地がついて、帰途の「かもしか展望台」への標識に従って木道を歩き始めた。

突然、広大な緑の湿原が目の前に開け、その全体に隙間もないぐらいにチングルマの大群落が広がった。はっと息をのむ緑と白の明るい世界だった。人っ子ひとりいない木道に腰を下ろしてチングルマを見つめる。純白の花弁がぱっと開いて、真ん中に黄色い雄しべがのぞいている。花弁を車輪に、雄しべを稚児に見立てて、その可憐な姿を稚児車と呼び、チングルマになったというが、絶妙な命名である。

花は一週間ほどの命で、その後は花柱が伸びて綿毛をつけ、渦を巻いて風にそよぐようになる。秋、びっしりと地面を覆う葉が深紅色に染まる。草原や湿原を埋めるチングルマの大群落は、初夏から秋に至るまで、みごとな変化を見せ登山者を喜ばせてくれる。私にとっては、高山植物の中で最初にその名を覚えた花であり、最も好きな花の一つである。

霧が動き、風にゆれ、大勢のチングルマが顔をほころばせてうなずく。緑の大波が幾重にもうねるように続く大海原ならぬ大湿原に、曇りがちの湿気をたっぷり含む空気を吸っていきいきと息づく。

私の日常では思いも及ばない、愛らしくも、清らかな天空の世界に迎え入れられたのである。この花に会いたい一心で、半ば命がけでわが身を奮い立たせてここまでやってきた。あの苦闘の後に、こんな別次元の至福が待っているとは……いや、苦しみと喜びを共に味わうことこそが、登山の醍醐味、真髄だと、二十数年骨身に沁みて経験してきたではないか。それを今、改めて、本当に悟ったと思う再訪の山旅だった。

「人形石」の石原

チングルマ

# 第二章

## 山に魅せられる（五十代後半から六十代）

未熟ながらも、意欲的に登頂経験を積み、大きな山塊はコースを変えて再訪する山旅

## 道がつながる　〈蝶ヶ岳・常念岳再訪〉

山歩きを始めてから二〜三年経った頃、日本アルプス登頂を初体験した。蝶ヶ岳だった。私の山の師はお決まりのコースを避けて、静かで、地味なコースを選んだ。上高地の徳本《とくごう》峠で一泊、ひたすら樹林帯を歩き、大滝山を経て蝶に至るものだった。

出会う人は皆無、師の導きがなければ原生林の深遠な中で、道を見失いそうな山行だった。しかしそれ故に、二度ほど見晴らし台と呼ばれる所に出て、そこから空に立ちはだかる岩峰の連なりに直面したときの感激は大きかった。森が発する空気感とは異なる、頑として動じない岩の量感に衝撃を受けた。

また、大滝山近辺に現れる小さな池の散在、その周りのお花畑は、それまで森の中を長く単調に歩いた後では、より一層潤いに満ちた優美さが心にしみた。初めて足を踏み入れた標高三千メートル級の高山領域に展開する驚異は、翌朝の蝶ヶ岳山頂から拝するご来光で頂点に達した。この時から、私の山への傾倒は決定的になり、徹底的に始まった。

何年か経て、友人と常念・蝶の縦走を実現した。前回のアプローチとは反対側、北の方からの再訪である。安曇野の里から常念乗越にある常念小屋まで五時間の登り。小屋に一泊。翌朝、日の出と共に、砂利のジグザグ道を登る。山頂に立つと、北アルプス連峰がその全容を見せる。朝の清新な空気と光の中で、空と山に身を委ねる。

強風にあおられて、ずり落ちていきそうな岩屑の道を急降下する。やがて樹林帯に入り、長かった緊張感がほどける。そして草原の広がるピークに出て、一休み。小さな池や湿地も現れ、岩や岩屑の間にびっしりと、小さな花々がしがみついて、風を受け止めていた。

それから、ハイマツの尾根歩きの後、蝶ヶ岳に至ったのだが、私たちは一日中、高山が提供するありとあらゆる造化の妙を堪能したと感じていた。変化に富んだドラマに付き合わせてもらったのだった。早朝の幕開きから、息もつかせぬ展開、出会い、冒険、スリルの連続だった。アルプスの夕映えの空の下、今宵の宿「蝶ヶ岳ヒュッテ」に向かい、幕は下りた。同時に、前回の上高地から蝶ヶ岳への道と、ここで合流しつながったのである。

燕岳
中房温泉
燕山荘
（表銀座縦走コース）
（喜作新道）
大天井岳
大天井
ヒュッテ
大天荘
槍ヶ岳へ
常念乗越
常念小屋
（安曇野）
常念岳
蝶が岳
蝶ヶ岳
ヒュッテ
大滝山
大滝槍見台
上高地
明神見晴
徳本小屋
徳本峠

更にそのつながりが延長したのは、いわゆる「北アルプス表銀座コース」と称される道程を辿ったときである。

九月中旬、中房《なかぶさ》温泉泊。稜線に至るまでのアルプス登山路の中でも、急登で有名な道、しかし完全に整備され、危険ゼロの道を単独で登った。山頂近くの燕《つばくろ》山荘に着いたのはお昼過ぎ。山荘に荷を置くと、軽やかに燕岳に登った。緑をあしらった白っぽい花崗岩が、太めの針を何本も突き出しているかのように山全体を覆っている。その巧みを凝らした、大規模な岩の彫刻に少しでも長く触れていたくて、私は歩き廻った。

白地の砂礫の上に、鮮やかな紅や黄金色の葉の群れが午後の強い日差しを浴びていた。夏にはどんな花を咲かせていたのだろう。腰を下ろして、しばし、その美しい色に目を留め、吸い込まれそうになる。目を上げれば、左から右へ、北アルプスの中核の山々が全員お出ましである。地図を広げて、登ったことのある知り合いの山を探す。夜には、満天の星を眺め、宿の主人の奏でるアルプホルンの音色に、スイスアルプスで過ごした日々まで、よみがえった。

翌朝、天気よし。人少なし。道危なげなし。展望広し。面白いように足が動き、大天井《おてんしょう》

森林の中から岩峰を望む

常念岳（下りの険しさ）

岳に、昼頃には着いていた。大天荘で、カレーセットの美味しかったこと！

ここまで来たら、槍に向かって歩を進める人がほとんどだ。しかし、私は、大天荘に泊まることに決めた。荷を山荘に置いて、午後の散策をこころゆくまで楽しみたいと思ったのである。一人旅の自由満喫である。

「空身で」は正解だった。大天井岳の山腹をからんで開かれた喜作新道に入ったのだが、こんな難所によくも道を開いてくれたものだと思う程、片側が絶壁の厳しい道だった。目が離せないアルプスの山並みの眺望に気を取られれば、深い谷間に真っ逆さまという箇所がいくつもあった。

散策の途中、もうひとつの山小屋「大天井ヒュッテ」に立ち寄り、とびきり贅沢なおやつの時間を楽しんだ。ここからは、いわゆる「裏銀座」と呼ばれる峰々を見晴るかすことができる。登頂経験のある双六岳、三俣蓮華《みつまたれんげ》岳、鷲羽《わしば》岳などを探し当てようとして、目を凝らし、胸高まらせて、時を忘れた。

夕方、泊まる小屋「大天荘」に戻り、わが裏山感覚で、大天井岳山頂まで徒歩十分で登った。翌朝夜明けにもそうした。日の入りと日の出を座して待ったのである。まさしく大天《だいてん》井《じょう》に広がりゆく光と色彩が刻々と変わる様を、私は茫然自失状態でただ眺めていた。

結局、大天井岳から槍を目指さずに、常念乗越へ至り下山したのであったが、これで、先般の蝶・常念縦走路と、常念乗越で道がつながったのである。私の山地図に、槍・穂高の展望では第一級のアルプスの道が、実線となって、長く、太く引かれたのである。

登山者にとって、様々なことが目標になる。例えば、日本百名山踏破を目標にする人は多いだろう。私はといえば、ある日辿った道が、いつか、それに続く道への呼び水となり、どんどんつながっていくのを楽しみにしている。住まいに近い奥多摩や中央線沿線の山々の地図は、辿った道程に引いた実線だらけで、もう隙間もないほどだ。

さすがに日本アルプスはつながらない線がまだ多い。いつの日か、大天井岳から槍ヶ岳に向かって伸びる東鎌尾根を辿ることはできるだろうか。更に、槍から西鎌尾根を行き双六岳まで、実線がつながる日は来るのだろうか。そして、更に、さらにと……私は広げた山地図の、実線のつながっていない箇所に目を凝らし、胸ふくらませるのである。

# 私の槍・穂高めぐり〈天狗原再訪〉

私の山歩きの師とその友人たちと共に、上高地から梓川に沿って散策路ともいえる起伏の少ない道を辿り、三時間も歩いたろうか。立派なつり橋のかかる広場に大勢の登山者が集う「横尾」と呼ばれる地点に着いた。横尾山荘という施設の前で、飲食物をとる人、靴のひもを結びなおす人、上着をザックに入れる人などで賑わっていた。私たちも腰を下ろし、一息ついた。師は私に言った。「この橋を渡ってそのまま道を辿れば、迷うことなく穂高連峰の拠点、涸沢《からさわ》に着きます。涸沢までは整備されているから、いつかあなたも単独でも行けますよ。今日は、私たちは直進して槍ヶ岳方面への道を行きます」

槍ヶ岳を登るのではなく、その途中にある「天狗原」を今回は訪ねること、そこは氷河遺跡で、大規模なカール（氷河圏谷）に、氷河湖やモレーン（氷河の堆積物による丘）があるのだという説明は受けていたが、山登り初心者の私には明確なイメージが湧かずに、ただ想像に胸とどろかせていた。

原生林の中の道をさらに二時間、今宵の宿、槍沢ロッヂに着いた。夕暮れの光の中でも、槍沢の紅葉、黄葉はすさまじかった。あのように四方八方、空に届くばかりに埋め尽くす光景を、私はそれまで見たことがなかった。絢爛豪華なその様は、息もつけない程強烈であった。山々が、木々が、やがて訪れる冬の前に、一斉に、全身を震わせて衣替えの祭りを繰り広げていると思えた。


そして、その翌日、槍沢カールから天狗原に至った時、祭りは更に華々しく、多彩になった。様々な形をした岩のオブジェ、広大な、灰黒色の岩礫の原、青空におもしろいシルエットを描く岩峰の連なりが加わったからである。

そこに、あでやかな紅を容赦なく塗り込んでいくナナカマドの群落。しかし、主調となるのは、黄金色の丸みを帯びた木々。ふわふわと敷き詰められた絨毯としか表現できない。それが、濃淡の緑、赤、黄、茶褐色の模様を全面に散りばめて、山肌を流れるように、また、岩を抱くようにして、秋の陽を暖かく、和やかに浴びている。カブト岩、ツバメ岩など、形に応じて名をつけられた岩が散在するカール地形の底には、天狗池が紺青の水面に、槍ヶ岳の姿を映している。

歩みを止めて、立ち尽くす。岩の上に腰を下ろして、自然の造り出した大庭園を眺め渡す。こんなに美しいものを、一度に全部眺めてよいのか。わが小さき胸には、収まりきれないではないかとため息をつく。

一行に従って、岩の原を歩き、少し小高い丘へ登る。槍沢とは反対側に高く、岩の峰の連なりが見えて、ベテランたちは昔、そこを辿ったときを話題にした。話についていけない私に、一人が「槍から南岳まではあなたでも大丈夫よ。そこから先は大キレットがあったりして大変だけどね」と言った。実現するとは思わなかったが、心に残った。


実現したのは、師が勧めてくれた涸沢への訪れの方だった。翌年、単独で横尾山荘泊。二段ベッドに泊まり合わせた若い女性が「翌朝、夜明けに朝食をお弁当にしてもらって出発する」と話してくれた。私も同じようにした。朝五時出発。快調に歩き、涸沢ヒュッテには九時すぎには着いた。小屋のデッキで、昨夜話した女性が先に着いていて、おいしいと評判のおでんを食べていた。私も同席した。「これから北穂に登るのだが、一緒に来ないか」と誘われた。「歩くペースが違うので」とお断りしたが、北穂という響きが私をと

槍ヶ岳
槍岳山荘
大喰岳
(分岐)
天狗原
中岳
天狗池
槍沢ロッヂ
南岳
大キレット
北穂高小屋
屏風ノ岩
北穂高岳
涸沢岳
涸沢
横尾山荘
奥穂岳
涸沢ヒュッテ
上高地バスターミナルへ

らえた。涸沢散策が当初の予定で北穂高岳など論外だったはずだ。それなのに「三時間で登れますよ」と言って出発した例の女性の言葉が私を揺り動かしていた。

天気は良好とは言えなかった。まずは小屋で天気予報を聞くという鉄則をないがしろにして、私の北穂高単独登頂が始まった。前半は問題なかった。後半は岩との格闘だった。そして天気が崩れ始めた。しかし、有難いことに、視界ははっきりしていて、岩の上の目印も確認できる。必死の思いで北穂高小屋に辿り着いた。小屋に入ると間もなく、大雨となった。真っ白なガスが山全体を覆い、何も見えなくなった。後で聞けば、この日この北穂で滑落事故発生、ガスのため場所の特定ができなかったという。私も、危機一髪だったのだ。

翌日は晴れ上がった。小屋の見晴らしデッキに立つと、穂先から全容を見せて、槍ヶ岳、朝日に染まる涸沢岳、そして奥穂、前穂に連なる豪快な稜線、堂々と孤高を保つ笠ヶ岳が清新な朝の空気の中にあった。

それから数年後、私は天狗原の秋に再び会いたくて、前回と同じ道を独りで行こうと、槍沢ロッヂに泊まった。夕食時、テーブルで翌日の予定が泊まり客同士で話題になった。

ほとんどの人が槍ヶ岳を目指し、そこから行く先はさまざまだった。私が天狗原再訪の話をすると、「ここまで来て槍に登らないなんて！」と口々に言われた。

翌朝、広いU字谷の槍沢を歩いていくと、天狗原へ曲がる道標に出会う。私の前後を歩く人誰もがその道標を無視して、上へ伸びるジグザグの道をせっせと登っていく。足早の人も、ゆったりと休みをとりながらの人も皆、槍に向かって歩を進めている。そして……私もその列に入っていた。

ああ、それは長い、長い道のりだった。半日かけて、辿り着いた槍ヶ岳山荘。午後は、深い霧に覆われた。翌朝の登頂を期待して、ゆっくりと山荘で、休養をとった。「槍の傍らに、自分がいる！」と思うその時間が貴重で、私の心は高揚しっ放しだった。

翌朝は晴れたが、猛烈な寒さに襲われた。持参したすべての衣類を身につけたが、手袋だけでは凍えて、指も動かせない。ビニール袋を上にかぶせて防いだ。

この状況での槍登頂は諦めようときっぱり思った。眼前に、手の届くところに槍は聳えている。いつも、遠くからその姿に接し、届かない存在として崇めてきた特別な山だった。

しかし、私は断念した。その代わり、帰りは同じ道を戻らずに、大喰岳《おおばみ》、中岳を経て、天狗原に至る周遊コースをとろうと思った。この道は以前、「あなたでも大丈夫」と言われた部分を歩くものだった。

確かに、山荘から続く稜線歩きは、道も明確で、道幅もあり、展望は抜群、順調に歩けた。次第に気温も上がり、心地よい秋の日となった。天狗原に入ってからは道標もなく、だだっ広い原に立たされ迷いそうだったが、運よく土曜日とあって、天狗池の写真を撮りに来ている人々が多くいて、道を確認できた。

天狗原は初回の時に劣らず、木々の衣替えの、賑やかで華々しい祭りの最中だった。今回は、紫と黄と白の秋の花々もこぞって出迎えてくれた。槍への長い寄り道をしたとはいえ、結局は、天狗原再訪と相成ったのである。天狗原に下りずに、槍からこの日辿った道をそのまま進めば南岳を経て、最大級の険路、大キレットが現れ、それをこなせば、あの北穂岳に至るのだということを後で知った。頭の中で槍と穂高がつながった。


人々との出会い、その提言にこころ動かされて、予定外のコースに入り込み、危険と背中合わせで成就した槍・穂高への訪問であった。あれから二十年経った今、思い返せば、行動の無謀さ、危うさ、未熟さに恥じ入る思いがする。生き延びたのは、幸運に恵まれたからであろう。一方で、かくも強い山への憧れ、好奇心、登頂意欲に溢れていた自分が、

涸沢小屋と涸沢

天狗原の岩塊（ツバメ岩か？）

今の私には、別人のように思えてくる。自らの熱情に応えるフットワークの軽さに、羨望の念が湧いてくる。そのおかげで、わたしの山の人生ハイライト、凸凹「槍・穂高めぐり」が授かったのだと思っている。

## 遭難寸前 〈丹沢連峰再訪〉

丹沢に初めて挑戦したのは、五月半ばに訪れた檜洞丸《ひのきぼらまる》であった。白ヤシオとトウゴクミツバツツジに会う目的だった。

始めのうちは、快適な、上り下りの少ない道、ゴーラ沢出会いで対岸の山道は急登になるが、花に出会える期待でピッチが上がる。しかし、どこまで行っても緑一色。下りてきた人に「もう花は終わっていましたか」とたずねると、「いいえ、頂上付近は今が盛りですよ」と弾んだ声が戻ってくる。元気倍増する。

そのうちに、ピンクの濃淡いろいろのミツバツツジが現れる。もう急登など厭いはしない。やがて、白ヤシオの大樹がびっしりと花をつけて加わる。そして青空。富士山が全容を見せ、地上はバイケイソウのつややかな緑が広がっている。これ以上は望むべくもない完璧な五月の自然のおぜん立てであった。

この時の印象が強くて、翌年六月に丹沢再訪を企てた。鍋割—塔ノ岳—三峰《みつみね》—宮ケ瀬ダムの縦走である。

鍋割山はカヤトに包まれた明るく広い山頂が快く、また塔ノ岳まで巨大なブナの樹の林を抜ける尾根歩きが楽しかった。しかし、樹木の荒れ、痛みが激しく、酸性雨がもたらす自然破壊を目の当たりにした。

尊仏山荘に一泊。翌朝、さわやかな朝の空気を胸いっぱいに、緑のトンネルウオークを始める。笹原あり、樹林帯あり、変化に富んだ道を一時間余で丹沢山に着いた。ここは蛭《ひる》ケ岳方面との分岐点である。

私は三峰の白ヤシオを見たくて、コブをいくつか越えて宮ケ瀬湖へ出る長いコースを選んだ。下山後の交通の便を考えてのこともあった。前の晩、尊仏山荘に宿泊した人は皆、蛭ヶ岳へ向かったようだ。後にも先にも誰もいない、単調で、長い孤独の歩みを続けながら、丹沢最高峰の蛭ヶ岳を越えるコースを選べばよかったと後悔していた。

この思いが次回の蛭ヶ岳登頂につながった。そして、これが遭難寸前の山行となった。

まず、選んだ季節が適切でなかった。三月中旬に設定されたツアーに誘われ、参加した。三月の高山はまだ冬山である。僅かな雪とはいえ、雪道を行く疲労を予想しなかった。次に、体調が万全でなかった。それなのに、山への欲求に負けた。第三に、団体のツアーは構成員のレベルに差があるが、そのときは十名参加、規定のガイドは一名、落伍者のケアに充分当たることができなかった。

そして最悪の要因は土曜日ゆえの渋滞で、バスが登山口に着くのが、予定より二時間以上遅れたことである。東野の登山口を昼過ぎ出発、途中で僅かな休憩をとっただけで、猛烈な（と私には思えた）ペースで歩いていく。ついて行ける健脚者は半数、残りは遅れがちになり、私は一番後ろを歩いた。

きつい勾配になってくると、胸が苦しい。歩きを止めることが多くなる。ガイドが見かねて私のザックを背負ってくれる。急に楽になり、ピッチが少し上がってくる。そのうちに、遅れ組の二人が、次々に足がつって歩けなくなる。ガイドは私にザックを戻して、その二人のザックを背負う。私のペースはまた、のろくなる。

一行はてんでばらばらに歩みを進め、姫次という開けた野に着いて、少し長い休憩をとった。明るかった陽は陰り始め、夕暮れが近づいていた。「こんなペースじゃ明るいうちに小屋に着けない」とガイドのぼやきが聞こえた。見れば、蛭ヶ岳はまだかなたに、高々とそびえ立っているではないか。地図では、ここから約一時間半とあるが、まだ越えなければならないコブがあるらしい。しかも、雪道を。

ここが、その日の私の体力の限界だった。残りの苦しい道のりをどうやってこなしたか、何も思い出せない。足がつってダウンした二人のその後のことも記憶にない。ただ今でも鮮明に覚えているのは、薄暗くなっていく山道を独り、休み、休み歩を進めていくと前方に山小屋の灯が見えてきたときのこと、そして、辿り着いた山小屋の戸を開けた途端に、目に飛び込んできた赤々と燃えるいろりの火と、談笑している健脚の参加者たちの姿であった。

その十年後、『トムラウシ山遭難はなぜ起きたか』（山と渓谷社）を読んだとき、わが身の体験を重ね合わせていた。本の中の次のようなコメントが胸を突いた。

「ツアー登山とは、初めて会う、レベルが違う人たちと共に、信頼できるかどうかわからないガイドに連れられて行く」

「前の人はひんぱんに休めたが、後ろの人は全然休めなかった」

「悪天候のなかの出発。どうしますかと問いかけすらなかった」

「自分だけ予定をずらしてもらうのは無理だろう。行きたくないなあ。でも、皆が……」

「皆に迷惑かけたくないことのほうが、安全を上回ってしまう」

トムラウシの場合は、足並みの乱れが生じたとき、みんながそろうまで猛烈な雨風の中、無防備で待たされ、多くの低体温症を引き起こした。しかし、私の登山ツアーにおいては、健脚者はどんどん先を行き、落伍者はマイペースでとにかく辿り着いた。それは、天候も良く、道もしっかりとわかりやすく、一人でも辿れるコースだったからであろう。

山登りは自分の体調を見極め、自分の実力に合った山を選び、気候、天候など条件を考慮し、他人を当てにせず、わが身の責任と覚悟をもって登らなければならない。こんな全く当たり前の「いましめ」を私はなんとか生き延びた丹沢再訪によって、しかと学んだのであった。

## 予期せぬ展開〈那須連峰再訪〉

どんなに入念に計画をねった山旅も、思わぬ事態にぶつかり、計画を変更せざるを得ないことがある。那須の山旅がそれであった。

茶臼岳へのロープウエイで山頂へ、そこから念願の山宿、三斗小屋温泉に宿泊というのが、一日目の計画であった。

しかし、天気予報に反して、山頂一帯は真っ白なガスに覆われ、すさまじい強風が吹き荒れていた。火山灰の歩きにくい道を、一寸先も見えない状況で、初心者の友と辿るのは不毛に思えた。

ためらわず山麓に戻り、三斗小屋にキャンセルの電話をいれた。翌日の帰途に利用する計画だったが、満員で断られた北温泉に「今夜は空きがあるか」電話してみた。幸運にも、一室だけ空いていた。


ツツジの頃は真っ赤に燃えるだろう広大なツツジ園を背にして、自然研究路を北温泉に向けて歩く。山頂は大荒れでも、ここは風もなく、暖かく、静かな森林浴を楽しんだ。

やがて、夕暮れ前の淡い光の中に、しっとりと落ち着いた秋の色合いに染まる深山の中に分け入る。黒塗りの、古く、立派な日本家屋の北温泉旅館が、湯煙をあげて迎えてくれた。

「ああ、よかった。ここに来られただけでもよかった」

友も私と同感だった。

百五十年という時代を感じさせる造りで、薄暗く、黒光りする階段や廊下が迷路のように続き、そちらこちらに神仏像らしきが置かれ、ろうそくやランプに照らされていた。たぎる程湯量の多い九個の温泉に浸り、美味な山菜、川魚、獣肉の夕食を頂き、昔の日本情緒あふれる世界で、一夜を過ごしたのであった。

翌朝、三本槍岳を目指す。調子が良ければ、朝日岳越えも考えていた。しかし、強い風は相変わらずだった。可能な限りまで行ってみることにした。

朝の早い空気はすがすがしく、道はよく整備され、スロープはきつくなく、雑木林は色付き、その木々の間から眺める火山性の那須の山々はのびやかに連なり、心はずむ。しかし、風は音をたてて吹きすさび、まるで、私たちの侵入を歓迎していないようだった。

樹林帯の道から、周りを見晴るかせるところに出たが、ガスが立ち込めてきて、ポチポチつめたい水の粒が顔に当たり始めた。そこで断念。引き返すことにした。

北温泉へ戻る、この中ノ大倉尾根は「うんざりする程長い」とガイドブックに書いてあったが、とんでもない。落胆しながらも、ゆったりと引き返す歩きは楽しかった。ガスに覆われれば、樹林帯は幻想的で、青空がのぞけば秋の色に輝いた。この道を必ず再訪しよう。花の頃も美しいだろう。そういえば、白ヤシオの大群があった。

この日は那須湯本のペンションに泊まった。そして、三日目にようやく風もやみ、穏やかな快晴の朝を迎えた。

これまで、計画したことはすべて中止となったが、心は満たされていた。那須の厳しい自然の気に触れ、趣のある宿に泊まり、快適な尾根道を歩き、友と山に在る喜びを共有できたのである。

ところが、ペンションのご主人が、欲張らない私たちに、一つの提案をしてくれた。「車道が続く高雄温泉付近まで車で送るから、そこから歩いて茶臼岳へ登ったらどうか」というのである。ご親切を受けて実行した。

まだ緑一色の林の中、一時間ほども歩いたろうか、緑の葉の合間に赤色がちらほらのぞく。あれは家の屋根のペンキの色か、鮮やかな赤だった。林から抜けると、眼前に赤の正体が現れた。朝の光を浴びて燃え立つ、円やかな紅葉の山だった。二人は同時に歓声をあげた。地図を広げて、「白笹山」ではなかろうかと意見が一致した。思いがけなく、見知らぬ美しい山に出会うのも、山旅の醍醐味である。

やがて、「牛ヶ首」という黒々とした岩が見え、白煙をあげる茶臼岳が姿を現す。ロープウエイ側から茶臼をめぐる道に長い人の列。あれは歩きにくい火山灰の道だ。一方、私たちは、二人だけに貸し切りのような静かな山道を、紅葉に染まりながら歩ける幸運に恵まれたのだ。

那須朝日岳登山路

白煙をあげる茶臼岳

帰途は、牛ヶ首から延々と南に続く、「南月山《みなみがっさん》、黒尾谷岳を越え、那須の別荘地に下りる」コースに初挑戦した。急降下の続く厳しい行程だったが、思ってもみなかった那須五岳の二つに登頂できたことは、前、前々日のブランクを埋めてなお余りあるものだった。

計画外の、予想外の、変更また変更の果て、完璧といえる一日となった。

数年後、このとき諦めた朝日岳、三本槍岳登頂も白ヤシオ、ミネ桜咲く時期に実現、山奥にでんと構える三斗小屋温泉旅館にも泊まることができた。あの断念、断念の山旅があったればこそ、季節を変えて、別の味わいに満ちた那須を知る再訪につながったのである。

人が計算し、計画し、期待したことは必ずしも実現しない。落胆や挫折を味わうだろう。しかし、変更せざるを得なかった道に、思わぬ幸運が待っていたり、予期せぬ展開が生じたりすることもある。那須の山旅は、その証となったのである。

## 山と知り合いになる〈鹿島槍ヶ岳再訪〉

長野市在住の娘の家を冬に訪れる際、凍てつくように寒い朝、近くの橋の上に立つ。川の流れの奥の果てに、高々と天を突きそびえ立つ純白の山が見える。青空に鋭利な三角形の双耳をもたげ、両側に流れるようなスロープを描く山、鹿島槍ヶ岳である。その高雅で、壮麗な姿を仰ぎ見るたびに、「あの高みに立つことは、私の一生であるのだろうか」という思いが心をよぎった。

そして、ついにその日は来た。ツアーの一員として、扇沢から柏原新道を登り、種池小屋泊。いよいよ念願の登頂の朝、猛烈な嵐に襲われた。十一時まで小屋に待機。それでもまだ強い風と激しい雨の中、爺ヶ岳を越え、途中の冷池《つべたいけ》山荘に荷を置き、鹿島槍を目指したのだった。実に難儀な歩きだった。しかし、長い間、何度も思い描いてきた憧れの峰を目指す歩きに揺るぎはなかった。ようやく南峰には到達したが、一寸先も見えない真っ白な霧の中、冷池山荘に戻ってきた。ただ、鹿島槍の山頂を踏んだという事実だけが残った。

その後、鹿島槍再訪の願いは叶わなかった。しかし、この名山に南北双方から、近しく接する機会をもった。

はじめは、白馬八方《はっぽう》から唐松岳・五竜岳へいわゆる後立山連峰縦走コースをとった時である。最終日、五竜山荘から遠見《とおみ》尾根を下る途中、長い下山路で休憩をとる度に、岩塊の王者・五竜岳と八峰キレットをはさんで、鹿島槍ヶ岳がさまざまな姿かたちを見せてくれた。池塘に映る遠慮がちな双耳に始まり、中遠見山、小遠見山と呼ばれるピークからは、雪渓に覆われた北壁など、遠見尾根でこそ眺められる独特の山容に接することができた。それまでの疲労が吹っ飛んだ。縦走路踏破のお祝いを頂いた思いがした。

次に、近づいたのは、針ノ木岳から爺ヶ岳への縦走路を行くツアーに参加した時である。「五つのピークを越え、八時間を要する健脚向き」という案内書きに、最初は尻込みした。しかし、一日目の針ノ木雪渓歩きも魅力的であったし、日本百名山の針ノ木岳と蓮華岳双

（五つのピークを越える縦走路）

（後立山連峰縦走路）

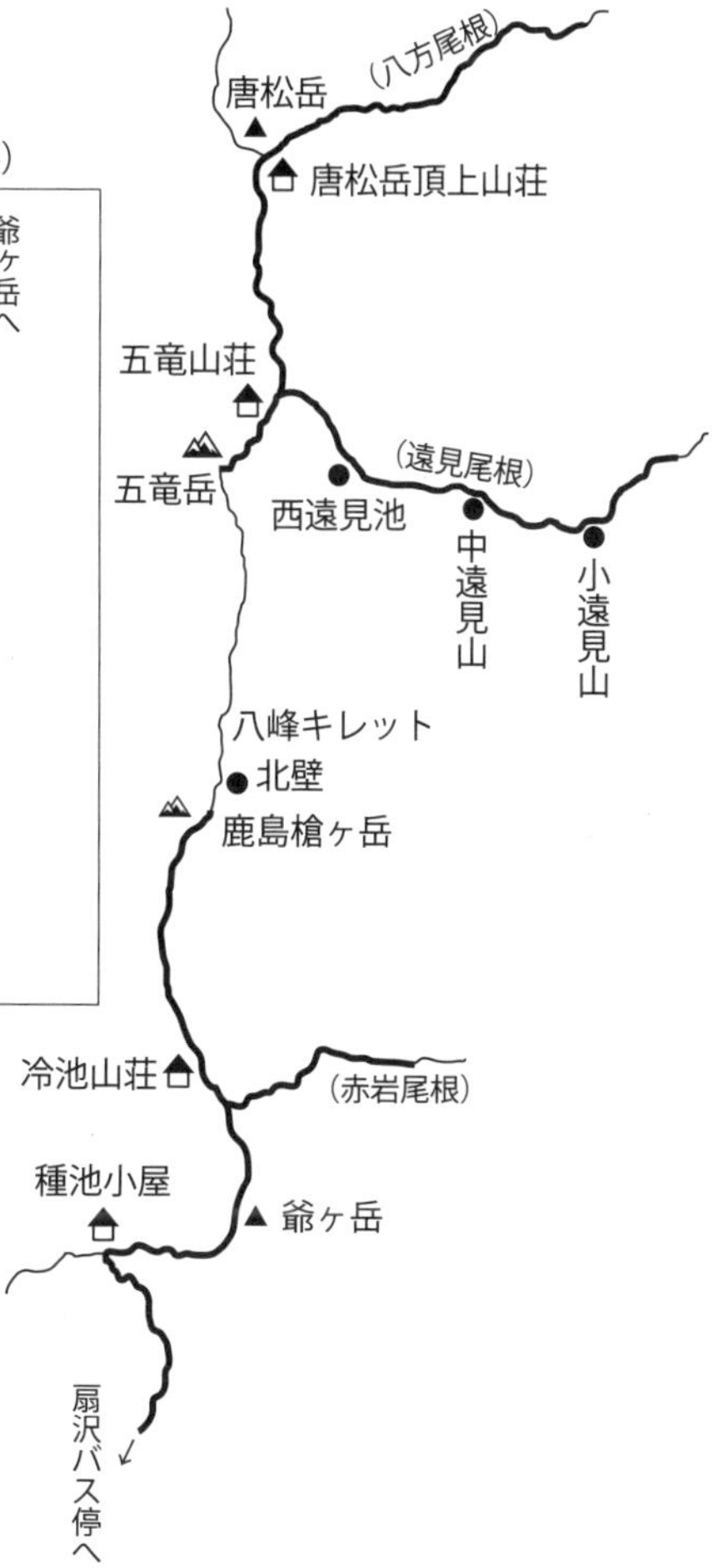

方の登頂にも挑戦したかった。

　地図を見ると、針ノ木岳から種池小屋に至る長い、長い縦走路の途中に新越山荘という山小屋がある。万が一の場合は、ツアーから脱落して、この小屋に泊まることもできると考えて決意した。

　冷気が快い雪渓歩きの後、蓮華岳も快調にこなし、針ノ木小屋泊。いよいよ二日目、針ノ木岳登頂から始まり、スバリ岳、赤沢岳、鳴沢岳、岩小屋沢岳など五つのピークを越える長丁場の歩きが始まった。足元はるか下には、黒部湖が延々と続き、左手には、立山、剱が堂々たる体躯を見せる。岩まじりの厳しい道だが、お花畑が山の斜面を埋める。なんとも爽快で、心高鳴り、血の沸き立つ、丸一日がかりの縦走であった。足も心臓も音を上げ、限界を告げていたが、無事、倒れこむように種池小屋に着いた。

　小屋での休息の一夜が明け、ご来光を見るために、空身で爺ヶ岳に登った。華々しいご来光には出会えなかったが、薄紫色からピンク色に染まり、夢のように浮かぶ立山・剣岳の優雅な姿に接した。そして、黒々とした線をくっきりと朝明けの空に描きながら、鹿島槍が間近に、いや、眼前にその全容を見せてくれたのである。

爺ヶ岳から鹿島槍

五つのピークの縦走路（奥は剱岳）

爺から続く稜線上に、ふんわりと綿のような滝雲がかかり、鹿島槍は柔らかいベールをまとっているかのようだった。こんな稀有な場面に出くわすなんて、私の目にも、心にも、熱いものがこみあげてきた。

結局、鹿島槍ヶ岳再訪は実現しないまま、齢を重ねてしまった。しかし、山に登り、頂上に立つことだけが、登山の目標なのだろうか。目標とする山の横顔、後ろ姿のシルエットを、朝の光の中で、あるいは、夕映えの空を背景に、目に収め、心にしまうのも一種の再訪ではなかろうか。憧れの人を少し離れて見つめ、ひそかに思いを募らすのも、恋のひとつの形であるように、憧れの山が存在する周りの空気やたたずまいに触れて、更に、その山を愛するようになるといえよう。

嵐の中、何も見えぬままではあったが、頂上まで往復したこと、そして、後立山連峰やその仲間の山々を歩く厳しい縦走のあと、二度の機会にわたって、近々と、アングルを変えて、麗峰の多彩な表情、容姿、顔や体躯の一部、立ち姿、正座、また、耳をそばだて、雲からわずかにのぞく様子など、さまざまに接したことで、私は確実に鹿島槍と「知り合いになれた」と感じたのである。

## 下山路にて〈白馬岳再訪〉

白馬岳《しろうま》との出会いは、スケッチの題材に選んだときに始まる。登山の経験もまだ浅く、憧れの白馬岳の登頂を夢見るよりは、その近くで描いてみたいと願っていた。

そんな夏のある日、白馬《はくば》駅近くの大出吊橋から白馬三山を絵筆の対象とした。快晴。山はその全容をみせてくれたが、強い西日にぼんやりとしたシルエットで、無論、私の絵も、見事にかすんだ出来栄えだった。

数年後十月、栂池《つがいけ》自然園の展望湿原に至り、ようやく白馬三山の姿を目の前にすることができた。前景は、紅葉、黄葉、栂の緑が織りなす色の綾、中景は延々と広がる草紅葉の原に散らばる池塘の水模様、そして後ろには、険しい岩肌をあらわにして、青空にきりりと線を描く山容の連なり。この現前の、完璧な白馬岳の存在に言葉を失った。ましてや、それを絵にすることなど私に出来る筈もなかった。

翌年の七月、白馬岳登頂のツアーに参加した。猿倉から白馬尻まで一時間余歩いて、すでに汗びっしょりとなる暑い日だった。しかし、ここから雪渓登りになると、グーンと涼しくなり、実に快い。生まれて初めて歩いた雪渓と、ひんやりと立ち込めるガスが、急登に挑む力を奮い立たせてくれた。

雪渓後の登りもかなりきつく感じたが、今度は、花々の大群落が労をねぎらってくれた。苦しさを償って尚、余りある登山の醍醐味に私は唸った。

白馬《はくば》山荘泊の翌日、尚も、ご褒美が待っていた。花の清水岳《しょうず》への往復である。まる一日かけての長い歩きだったが、山荘に重荷を置いての軽やかな山行である。広大無辺の天空には、雪渓を抱く緑の山並みが幾重にも連なり、岩混じりの草原がうねる大地には、生き生きと咲くさまざまな高山植物、特に鮮やかなピンク色のハクサンコザクラの大群落はみごとなものだった。壮大さと可憐さが両立する白馬連峰特有の雰囲気を生み出していた。

山歩きの幸せに浸って帰り着いた山荘では、ランプの灯の下、本格的なビーフシチューの夕食が、一日の充実した山行をしめくくってくれた。

白馬雪渓を登る

白馬三山（麓の大出吊橋から）

その山荘に二泊目の朝、私たちは白馬岳頂上に向かい、そこから白馬大池まで気持ちの良い稜線歩きを楽しんだ。岩屑の歩きにくい道もコマクサの群落に狂喜し、雪倉岳を仰いでは、いつの日か、訪れたいとの願いが湧いてくるのだった。やがて、青く光る白馬大池と、小屋の赤い屋根が見える頃には、緩やかな下り道となる。

「本当に来てよかった。生きていて幸せだ」という思いに浸りきる私が、ここまでは確実にいた。

白馬大池から乗鞍岳を越え、栂池への下りは二時間半ほどで、それ程長い下山路ではない。ところが、白馬大池の岸辺の大きな安山岩の積み重なる道に、まず閉口する。しかし、水のほとりの苦労はまだ耐えられた。次に待っていたのは、乗鞍岳のゴーロ状の岩とザレの道だった。二十名を超える団体の一員として、前の人、後の人を気にしながら、足元に神経を集中させる試練の時間となった。

岩間に咲く花々が、時折、見え隠れするとはいえ、ガスに覆われれば、目を楽しませるものは何もない。不規則な岩の形に合わせて、足の置き場を探し、一歩一歩、細心の注意を払って、黙々と、延々と歩くしかない。途中、天狗原という湿原で憩いはしたが、次は、どろんこ道に大石、小石が転がる単調な下降となる。むんむんと熱気をもって両側から迫りくる枝を払いのけながら、疲労困憊した身体を無理やり動かしているだけだ。

「こういう道はもうごめんだ」「なぜもっと天狗原で休憩させてくれなかったか」「麓の温泉に入る時間のために、こうも急がせるのか」「ツアーはもうやめる」。私の心の中には、不満と、嫌悪感と、うらみつらみが蔓延していった。

二日前、白馬尻から出発し、白馬大池に下るまでの間は、どんなに苦しくても、登頂への意欲、克服する喜び、耳にし、目にするものへの感謝、登山の真髄に触れたという高揚感に満たされていたのに……その同じ私が、この体たらくだ。

「二度と通るまい」と決心したこの道だったが、数年後の秋、友人と秘湯・蓮華温泉を訪れた際、再びこの下山路を利用した。

蓮華温泉は標高千五百メートルの山間にある温泉で、大糸線平岩駅からバスも出ており、立派なロッジに宿泊できる。何といっても裏山に点在する露天風呂が魅力である。快適な一夜を過ごし、翌朝、あでやかな秋色に染まる山道を、露天風呂の白煙に見送られながら、ぐんぐんと登っていった。途中、「天狗の庭」と呼ばれる、風雪のために真横に曲げられたカラマツ老木が目立つ展望地で大休止。白馬岳に連なる雪倉岳、朝日岳を近々と眺めた。この巨大で、壮麗な山々にいつの日か登頂したいと意欲が湧いてくるほど、心身ともに絶好調、元気みなぎっていた。

白馬大池に到着。白馬大池小屋は前日から、冬季の閉鎖になっていた。冷え冷えとさざなみをたてる池の周りから、前述の下山路に入った。寒風の中の難儀が始まった。今回は追いつ追われつのツアーではなかったのに、やはり試練の道だった。終わればいいとだけ思って黙々と歩いた。

そういえば、これまでの登山経験でも、単調で長く険しい下山路では、体力も気力も限界状態になり、登りの時には発揮できていた忍耐力や集中力の枯渇を、思い知らされていた。登りよりは危険も多く、厄介な下りをどうこなすか、課題であった。登山とは、登るだけでなく、下山を含めてのまるごとの営みである。その営みの節々で、登山者は自己への挑戦を受け、痛烈な自己認識をせざるを得なくなる。白馬再訪はその一例であった。

思うに、それは人間の一生にも当てはまる。その人の晩年すなわち下山路の、捉え方、歩き方に、人間力が如実に顕れるのではなかろうか。

天狗の庭から　雪倉岳方面を

第三章

# 再訪の山・山麓を歩く（八十代）

登頂経験のある山の山麓を歩き、海外の経験も踏まえて、人と自然の関わりを考える山旅

## 世界自然遺産・プリトヴィツェ湖群〈クロアチア〉

以前クロアチア旅行の際、驚異的な自然景観に出会った。クロアチアの内陸部、壮大な原始林に囲まれた渓谷に、大小十六個の湖と、湖の間に生じる段差ゆえに水が上の湖群から下の湖群へと九十二を数える早瀬や滝となって流れ落ちるという景観、世界自然遺産・プリトヴィツェ湖群である。湖や川のほとりに造られた木道に沿って人は水辺のハイキングを楽しむことができる。大きな湖の一つには、水を汚さない電動の遊覧船もあり、この広大な国立公園内を持ち時間に応じて散策できる。

大規模なカルスト地層が広がるため、数百万年前から降雨が石灰岩を潜り抜けて地下水脈となり、やがてカルスト湖となって湧き出るという自然が造り上げた偉業である。石灰岩によって濾された湖水は、同様に石灰岩から成る白い湖底が見える程透明である。そこを泳ぐ魚の群れも鮮明に映し出される。また湖にも、湖をつなぐ早瀬の中にも、石灰石の固まった石灰華が堆積して堰ができる。水はこれにぶつかり、堰をめぐって流れを変え、また新たな堆積物を生成する。この堆積物、また倒木や岩の上に、多彩な植物の群落が水を浴び、生育している。長年かけての水と石の関わり合いに興趣をそそられた。

透明度高く、しかし色はさまざまな十六に及ぶ湖、その水面に映る原生林、しぶきをあげて生き物のように、自ら生成した堰をめぐって走る水の流れ、堰を覆う色濃き蘚苔類、水草の花々、いずれも魅力的なのだが、ここプリトヴィッェ湖群がもっとも人を圧倒してやまないのは、無数の滝のそれぞれ個性的なおもしろさ、表現の妙である。

数十メートルの断崖を幾条もの直線となって、真っ逆さまに激しく、落下してくるものもあれば、湖の周りを囲み、無数の細い糸のように湖面に流れ落ちる有様がバレリーナの群舞を思わせるものもある。凸凹の岩面をなぞって、白いしぶきの階段を造る滝、急流の岩間を縫い、渦を巻き、飛沫で盛り上がる滝、樹々や蘚苔類、そして岩石の微妙な色合いを浮き立たせる、白煙の帯状の滝、大壁面に直線、曲線、凸凹の線、太さもさまざま、思い思いの筆さばきで力強い絵を描く滝もある。全部で九十二本というから驚きだ。

プリトヴィツェ湖（何段にも分けて）

プリトヴィツェ湖（数十条の滝の流れ）

水の流れは通路を求めて、どんな障害物があろうともそれを巡って、ある時は抗い、あるときは従い、奔放にも、従順にも、最後まで流れ行くことをやめない。この水の習性が生み出した、多様で、数多な展開の見事さが、プリトヴィツェなのであった。

世界自然遺産として、世界中から年間八十万人の観光客を集めているが、旧ユーゴスラビア紛争時、クロアチアの連邦離脱に反対するセルビア人勢力との激しい戦いの舞台となり、破壊いちじるしく、危機に瀕する世界遺産であったという。

その貴重な人類の宝物に接する機会を得て、私は水豊かな日本にも、水が紡ぐ自然の驚異が数多くあることを思い起こした。登頂経験のある山の山麓にある一例を採りあげてみようと思う。

●水の紡ぐ自然美（西と東）

## 奥入瀬渓流散策路を十和田湖へ

私が選んだ日本の秀逸な山旅は、八甲田連山から始まる。ロープウエイ利用で、標高千三百メートルまで達し、そこから、火山性断崖の上部に五色の岩、高山植物の咲く草原に沼、三百六十度、北海道まで望める大パノラマという見どころ満載の道を行く。しかし、八甲田特有の魅力は、この道を三十分ほど下ると現れる広大な湿原にある。「八甲田」の「田」は、この湿原の中に生じた池塘のことで、「神の田圃」を意味するという。「毛無岱《けなしたい》」と呼ばれるこの湿原は上下二段に分かれていて、長い木製の階段でつながれている。階段を降りながら、眼下に広がる「下の湿原」を見渡したとき、ふと、「上の湖群」「下の湖群」と大まかに分けられているというプリトヴィツェ湖の構成を思い出した。

秋、黄褐色の草もみじの原に、アオモリトドマツの濃い緑と紅葉黄葉の点在が海原に浮かぶ無数の小島のように見える。陽を浴びれば壮美に、霧に包まれれば幻想的に、まさに神の造り賜いしものと実感するのであった。湿原の中の木道を歩き麓に至ると、「酸ケ湯温泉」という名湯が迎えてくれる。温泉に浸かり、宿の前からバスで十和田湖方面へ向かう。そして、バス停石ケ戸で途中下車、奥入瀬渓流散策路を三時間余歩く。ここからは、前半の登山をカットすれば、老いてなお辿れる安らぎの散策路である。

奥入瀬渓谷は勾配がゆるやかで、穏やかな水の流れが続くのだが、大岩、小岩、倒木など障害物にぶつかった時にはそれに合わせて流れようとして、水しぶきをあげ、清冽な響きをたてる。「阿修羅の流れ」と命名されたものもあり、すさまじい水のぶつかりあいが静けさを破る。水中や水辺の岩や倒木は、緑濃い苔やさまざまな水草にびっしりと覆われている。水辺の地表も、空を覆う樹種豊かな大木の幹も、シダ類や蘚苔類、ツタウルシなどにまとわれており、花咲かせる草や樹々が彩りを添え、ここは植物があまねく集う空間となっている。水と土壌と岩石と空気と、奥入瀬の恵みを腹いっぱい享受して、かれらは互いに生を謳歌しているのだ。それがここを歩むものにもじんじんと伝わってくるのである。

そして、「瀑布街道」という別名もあるこの道に、見ごたえのある滝が十数本現れる。渓谷を両側から形作る断崖は樹木で覆われながらも、時折、暗灰色や暗褐色の岩肌を見せ、その上を真っ白な滝が流れ落ちてくる。岩の節理、柱状、方状、板状など、特徴のある形に応じて、水は、あるものは、細く、かすかに、あるものは、たっぷりと、すばやく、時には、何段にも分けて落下している。堂々とその姿を全面みせているものもあれば、奥ゆかしく一部を隠し、ひそやかに白い霧の雲をなびかせているものもある。見事な命名がそれらを表現している。「玉簾の滝」「双竜の滝」「白布の滝」「九段の滝」「千筋の滝」「双白髪の滝」「岩菅の滝」などなど。

水の流れのもつ習性が生み出す興趣は古今東西変わりない。水の流れは断崖の形に添って落下し、滝となる。障害物に突き当たってはじけ散り、それを巡って奔流となる。障害物――倒木、岩、堆積物など――の上には、水をいのちの源とする多彩な植物が生え育つ。障害規模の大小こそあれ、水の流れがいずこでも展開する真骨頂であろう。私は十数年前に、クロアチアのプリトヴィッェ湖群をつなぐ渓谷で、奥入瀬と変わらぬ、水の流れが創出する光景に出会ったことを、時間と空間を越えて、思い出していた。

最大の「銚子大滝」を過ぎると、奥入瀬渓流の源、日本の湖沼のなかでも白眉といわれる十和田湖に至る。十和田湖は火山活動によって生じたカルデラ湖という点では、カルスト湖であるプリトヴィツェ湖群と、成り立ちは大いに異なる。噴火による突起と陥没を繰り返した結果、変化の多い湖岸を造り出したのである。

急峻な絶壁に繁茂する針葉樹林、広葉樹林、露わにされた火山岩石層の色さまざまに木々の葉が季節に応じて多彩な色を添えそれが湖面に映るさまは変化に富み、遊覧船上から目が離せない。色や形に応じて、湖上に現れた岩石には名前が付けられている。「五色岩」「屏風岩」「剣岩」「兜島」「鎧島」、そして最たるものは、「千丈幕」、一キロメートルに及ぶ断崖である。小さな島々や、大岩小岩は、永遠《とわ》に緑の姿美しいキタゴヨウマツやアカマツを冠としている。数多い入り江、汀、崎、浦、岬の連なりは曲折に富み、それらに寄せる湖水は藍色に澄み切っている。雄大で豪壮な線と面に、繊細で優雅な小物の取り合わせは、陥没カルデラ湖ならではの景観である。

比較するには当たらぬと思いながらも、クロアチアというはるか遠い異国のプリトヴィツェ湖群を訪れた経験を引き合いに出して、日本の自然、八甲田山麓の奥入瀬・十和田を

奥入瀬・九段の滝

十和田湖・五色岩

語ってきた。両者は、生成過程は異なるが、水に関わる驚異……湖、渓谷、滝、岩、森、水の流れ、堆積物、そして植物の群落という点では共通している。双方を訪れた私としては、前者に接したとき、自然の威力に圧倒され、その大規模な展開に驚嘆した。後者には、人に寄り添い、語りかけてくる親しさや和みを感じた。構成要素のすべてに適切な、思いを込めた命名があるのも宜なるかなと思った。

比較に意味があるのではなく、それぞれに個性的な、水の紡ぐ自然美が「水の惑星・地球」に数多く存在し、その西と東の一例を知り得たことに感慨を覚えるのである。両者が同じく私を揺り動かし心に刻み付けたのは、何百万年もかけて地球の営みが創り出した作品に接しているのだという事実である。地球のとてつもなく長い歴史から見れば、ほんの一瞬にすぎないがこの惑星の上に生を受け、その傑作に巡り会えたという事実である。

●自然環境保全

## ミルフォード・トラック〈ニュージーランド〉

ニュージーランド南島のフィヨルドランド国立公園の広大な地域の中に、「世界で最も美しい散策路」と言われる道がある。三十年近く前、山登りを始めた頃、初めての海外トレッキング・ツアーで、この道を歩いた。

ＤＯＣ（環境保護省）がツアー会社を限定、山小屋を設定、入山者を制限、使用料を徴収、厳重な管理を行いながら、ザック、雨具、登山用品、飲食物すべてを用意してくれる四泊五日の、徹底的にエコロジカルなガイドウオークであった。

一日の入山者制限は、個人ウオークは四十名、ガイドウオークは五十名だった。その時、世界各国から集ったガイドウオーク者の内、私たち日本からの参加者は半数を占めた。

第一泊目、全員が湖畔のコッテージ集合、夕食を共にして、コース案内や注意事項の説明を聞き、その後、自己紹介をした。和気あいあいとした顔合わせであった。

翌朝から、参加者は、ガイドに引率されて団体行動をとるのではなく、迷うことない整備された一本道を、時折ガイドに見守られながら、三々五々、自由に歩くのであった。

全長五十五キロを、途中山小屋二泊して歩きとおすのであるが、朝早く出発すると、ゆったりと歩いても、午後二時か三時には小屋に到着する。広い食堂の片隅にアフタヌーンティが用意されており、紅茶やクッキイを楽しみながら、人々は今日一日の行程を語り合うのであった。熱い湯の出るシャワー、乾燥室、一室四名以下のベッドルーム、たっぷりと皿に盛られた美味な夕食、すべてに快い歓待を受けた。


マスが泳ぐ清流沿いの道、垂れさがる木の苔（ゴブリンモス）をまとって空を覆う世界最大のブナ林（シルバービーチ）、幻想的な森を通る道の両側には巨大な羊歯を中心にした様々な珍しい植物群落。やがてU字渓谷に至ると、周りの二千メートル級の山々の峰から岩壁を伝って何条もの水が流れ落ちる展望が広がる。この地域は世界有数の多雨（年間七千五百ミリ）故に、落差五百八十メートルを誇るサザーランド滝をはじめとして、数多くの滝に接することができる。雨のウオークが普通だというが、私たちが訪れたときは五

山間の水辺を行く

森を行く

日間雨知らずであった。

平坦な道がほとんどだが、三日目のマッキノン峠（千七十三メートル）越えは、ジグザの二時間を要する登りである。しかし、急峻な山並み、U字渓谷の草原、鬱蒼とした太古の森、そして氷河の跡を露わにする岩石群など、天空の大パノラマは登りの労苦をねぎらってなお余りあるものだった。

最終の目的地、ミルフォード・サウンドに到着、ホテルで夕食会が開かれ、国代表がそれぞれ短いスピーチをした。参加者の誰もの心の中に、歩いてきた道すがら接してきた自然が、原始のまま宿って息づいていると実感し合う集まりとなった。そして、地球上他に類のない、ユニークな自然景観と貴重な生態系がしっかりと維持されていることへの敬服と同慶の念が参加者全員に共有されていると、スピーチを通してのみならず、会全体の空気から感じられた。

最終日の午前中、船によるミルフォード峡湾の入り江めぐりが行われた。氷河が形成したフィヨルドが、多量の雨の浸食作用と、激しい地殻変動のために、更に深く、狭く入り組み、険しくそそりたつ岩峰からは怒涛のように滝が流れ落ちる。水しぶきを浴びながら、

山間の道を行く

入り江めぐりの船

船はライオン岩とか、エレファント岩とか呼ばれる岩山に近づいていく。「世界で最も美しい散策路」の行程、圧巻の締めくくりであった。

断崖と青緑色の水の広がりが対照的なこの景観を求めて、近郊の町から車道を通り、大勢の観光客が集まってくる。しかし、彼らはここから前述のミルフォード・トラックに入ることはできない。歩行者のみに開かれたトラック（散策路）は一方通行なのである。こうして観光と自然環境保全を両立させ、同時に人類全体の宝である稀有な自然に近しく触れることを、現在から未来に亘って保障しようとする知恵に、感銘を受けたのである。

●自然環境保全

## 尾瀬ヶ原

十月中旬の朝、尾瀬見晴十字路にある小屋の朝食をすませて、尾瀬ヶ原に出た。
黄褐色の草紅葉の原一面に霜が降りて、うっすらと白く、淡雪に覆われたかのようだった。池塘の散在する水面に浮かぶ山々が朝陽を受けて、黒味を帯びた水をほんのり紅色に染めている。枯れ木や枯草がおもしろおかしのシルエットを、明けゆく空に、野に描いている。陽の当たらぬ側の墨色の山々の裾野に、ふわりと霧が動く。

初めて体験する、予期しなかった、初冬の尾瀬の朝だった。しばし、物音ひとつしない静寂の中、言葉もなく友と立ち尽くした。原初のままの高層湿原に、時空を超えて立つ思いがした。きりりと沁みる冷気と共に、こころを揺さぶる感情に身をまかせていた。そして、我に返り、現代の、人間の侵入のために用意された木道を歩き始めた。

水芭蕉の頃、ニッコウキスゲの頃、紅葉の頃、複線の木道は人に溢れていた。花も紅葉も申し分のない美しさだったが、人の歩みに合わせ、待って、待たされて、人の声に囲まれて、押し出されるように広大な原を通過していった。この初冬の朝のように、「尾瀬に出会った」という感慨はなかった。自然と向き合い、心開かれ、その真髄に触れたと実感する瞬間は、けして人混みの中ではあり得ない。

観光シーズンには一日一万人を超える人が尾瀬に入るという。土曜、日曜は大都会のラッシュ並みだという。沼山峠、鳩待峠まで車道が通じ、関越自動車道路の開通もあって、アクセスの利便さが観光客を、しかも、何台もの観光バスを連ねて、招き寄せる。受け入れの体制も、宿泊施設十数軒、日光と並び称される国立公園として、その利用（観光開発、観光客誘致）が推進されている。

前章で私が採りあげた「ミルフォード・トラック」を思い出す。あの広大な森、峡谷、山、丸三日間歩き続ける長い道程に、一日百人足らずの人しか入れない。宿泊施設も数軒、厳しく限定されている。許容されたトレッカーたちは自らのペースで、三々五々、別々に歩き、また、一方通行のためすれ違うこともなく、大自然との個人的な出会いを繰り返し体験することができる。厳格な入山制限は自然環境保全の実現と共に、入山者に自然を思う存分享受するという恵みも与えるのである。

さて、日本で最も美しい散策路の一つとして「尾瀬」を挙げることに異論はなかろう。鳩待峠から広大な湿原はいくつもの田代に分かれて、その成り立ちと環境に合った、変化に富む数多の植物相を生んでいる。湿原に浮かぶ池塘や浮島、至仏山、燧ヶ岳を代表とする山々、麓の原生林、川に沿う拠水林という配置の自然景観は、季節に応じた植物探索と共に、尾瀬歩きの人々を魅了する。尾瀬ヶ原を歩き詰めると道は二手に分かれ、一方は、

尾瀬ヶ原

尾瀬沼

尾瀬沼畔を通って大江湿原から沼山峠へ、一方は、裏燧のいくつもの田代と樹林の道を御池に向かう。前者は湖、後者は滝を楽しむ、水の尾瀬の真骨頂といえる道である。

景観の美しさにのみ、私たちの関心は向くけれども、豪雪地帯の寒冷な気候と、酸性が強く極貧栄養の土壌という環境下、長い年月をかけて造りあげられた自然は、生態学的にも特異なもので、極めて高い学術的価値をもつという。しかし、その生態系のバランスは、環境変化に敏感に反応し、今や、人間の様々な介入によって破壊されているという。「尾瀬は病んでいる。前ガン状態だ」と言った学者もいる。

踏圧による湿原の裸地化現象、尾瀬沼取水による湿原の乾燥化、宿泊施設やキャンプ場からのし尿と生活雑排水による特定の植物の巨大化、尾瀬本来の植物の駆逐、汚水処理のためのパイプライン、踏圧を防ぐ湿原の木道でさえ、実は自然破壊の一つでもあるという。

遅きに失した感はあるものの、対策は講じられてきた。例えば、アヤメ平や至仏山登山道の裸地復元化の取り組みは長い年月に亘って地道に進められてきた。修復には莫大な費用と時間と労力がかかったが、完全修復は地形によっては不可能で、荒廃を未然に防ぐ保全がなされていれば、これほど危機的な状況におちいることはなかったろうと言われている。入山者制限、入山者の分散化、入山指導、入山料の徴収など過剰利用の問題解決のために、これまで何度も提案や提言がなされてきたが、実現には至っていない。

「ハイカーは、雪融けで登山道が泥田状になっていると、そこを避けて芽生え始めた植物の上を歩き踏みつける」とアヤメ平の修復に取り組んだ人の指摘をその著書で読んだ時、私自身にも思い当たることがあった。滑りやすい蛇紋岩が大幅に露出して、泥沼化している至仏山登山道で、少しでも歩きやすい場所を探して、右往左往したのである。その後、修復のためこの道は何年もの間、閉鎖されたが、実は自分も自然破壊の加害者の一人なのだという認識をもった。

「夏が来れば思い出すはるかな尾瀬……」という終戦後人気を博したラヂオ歌謡の美しい歌詞と旋律が当時、多くの人を尾瀬に惹きつけ、踏みつけなどによる荒廃を招いたのだという。環境保全に思い及ばなかった時代だった。しかし、現代は、意識も高くなり、技術も進み、諸外国の例も学ぶことができる。類まれな日本の自然、尾瀬を維持し未来に残すために、私たちは知恵を働かさねばならないと痛感する。

# フランスで始まった「美しい村認定」

「フランスの美しい村」認定制度は、一九八二年に、地方の村の保全と活性化を目的として生まれた。地域全体の建物や遺跡を観光資源として保全しながら、小規模な農村を保護するものである。合併政策の転換、そしてフランスの文化遺産として、昔ながらの小さな村を存続させようとする試みである。二〇一一年現在、百五十六の村が「フランスの美しい村協会」の厳密な審査で選ばれているが、条件を満たさなくなると認定を取り消されるという徹底さである。

条件とは「人口二千人以下」「二か所以上に価値ある遺跡や自然遺産を有する」「村の建物の同質性と外観の調和」「保全のための村の努力」である。認定は村にとって、強力なステイタスとなり、村の入り口には認定マーク（注1）が掲げられている。

私はその美しい村のいくつかを訪れたことがある。いずれも小さい村ながら、教会堂、要塞としての城、歴史的な廃墟などを中心に、中世の面影を色濃く残している。その地域で得られる岩石を使用しての壁、そして屋根の瓦との組み合わせが、色も形もそれぞれの村で統一され、その村固有の風土を如実に表している。外側の壁面に木組みを見せるもの、様々な色や形の石をはめ込んだもの、赤色の砂岩の壁の家並が緑に映えるもの、はちみつ色の壁に赤茶色のとんがり屋根が愛らしいもの、丸い瓦の屋根と長方形の煉瓦の対照が面白いものなど、集合景観の美が特徴である。

小高い丘、岩山、断崖などの上にある村々が多く、眼下に牛や羊が草を食む牧草地、また、オリーヴ畑やぶどう畑が広がるといった眺望に優れている。少し離れたところから見ても、教会の尖塔や城址の周りに、身を寄せ合うように固まる集落の姿はそれとすぐわかる。しかし、その先入観ゆえに、思いがけない経験をしたことがある

（注1）

Les Plus
Beaux Villages
de France®

プロヴァンス地方の美しい村のひとつ、「セギュレ村」

を訪ねたときだった。バスがその村の近くを通るというので、朝一番のバスに乗り、運転手に「セギュレ」と伝えると、彼は私たちをブドウ畑の真っただ中におろした。村の姿を探し求める私たちの目に、ブドウ畑のかなた、こんもりと集落のかたまりが盛り上がり、ひときわ高い教会の尖塔が見えた。「あそこだ！」と合点した私たちは、広大なブドウ畑を突っ切って一目散にそこへ向かった。しかし、辿り着いた村は「セギュレ」ではなかった。朝日が当たり始めて、ブドウ畑のはるか別の方向の、黒々とした断崖の下に張り付くように、別の集落が姿を見せた。それが「セギュレ村」だったのだ。勿論、私たちはブドウ畑の大遠征を続行した。

数十分もあれば村全体を歩き回れるほど小さな村だった。迷路のような石畳の坂道をたどり、微妙な色合いの混在した石造りの建物を、案内書の説明を基に、じっくりと眺める。十世紀の教会堂、十七世紀の鐘楼、十五世紀の物見やぐらと噴水など小さいが、いずれも重厚で細密な技術で造られていて、村の暮らし振りも伝わってくる。村で一軒という本格的カフェの前庭で、色鮮やかな花々に囲まれて頂く食事のワインは、フランス有数の美酒というセギュレ産。大都会の壮観に驚嘆する時間とはひと味違う、心の安らぎや、親しみを覚える一日を過ごした。「このまま、永遠にこうであってほしい」という想いを、二度

フランスの美しい村々

セギュレ村

ラ・ロック村

ゴルド村

と訪れることはないだろう異国の「美しい村」に託したのであった。

三十数年前フランスで始まったこの取り組みは、今、イタリア、カナダ（ケベック州）、ベルギー（ワロン地域）に広がった。そして、二〇〇五年、日本もまた、「日本の最も美しい村連合」（注2）を立ち上げたのである。二〇一四年現在、五十五村が認定されている。条件は、フランスと異なり、規模は一万人以下、一平方キロ五十人以下の密度、生活の営みや自然、郷土文化そして地域資源を生かす活動など、日本らしい選定となっている。

私は、その中で、自分が以前登頂したことのある山々に関わりの深い、山麓の村を選んで訪れてみることにした。

（注2）「日本で最も美しい村連合」
フランスの素朴な美しい村を厳選し紹介する「フランスの最も美しい村」活動に範をとり、失ったら二度と取り戻せない日本の農村漁村の景観・文化を守ろうとするもの。

NPO法人「日本で最も美しい村」連合

自然と人の営みが長い年月をかけてつくりあげた日本の美しさを、慈しみ、楽しみ、未来へ残すために活動している。

●美しい村

## 日本の美しい村、六合村《くに》〈群馬県〉

草津の白根火山の麓に横たわる大湿原・芳ヶ平から大小いくつかの湖沼群を経て、花敷温泉へと抜ける十数キロに亘る上信越自然歩道を歩いたことがあった。その日は温泉泊、翌日、山奥に潜む野反湖までバス、湖畔の山の一つ、八間山《はちけんさん》のレンゲツツジを楽しむというツアーだった。荒涼たる白根火山を背景にさまざまな緑の模様を描く高層湿原を散策しながら、咲く花々を愛で、森の中に現れる池をめぐり、珍しい苔（チャツボミゴケ）の群落に驚嘆し、時には崩壊しそうな危うい道を延々と辿るコースは、際立って私の記憶に残っていた。

芳ヶ平から野反湖までの広範囲が、六合村に属し、六合は「くに」と読み、昔、六つの集落が合併して名付けられたと、当時ガイドから説明された。フランスの美しい村訪問に触発されて、日本の美しい村も訪れてみたいと思ったとき、六合村が「日本の最も美しい村連合」に加盟していると知った。「再訪の山・山麓の旅」としてもふさわしいと思い、今回、六合村訪問を決めた。

フランスの、二～三十分で歩き回れる小さな村とは異なり、六合村は広大な村だった。しかも現在は、中条町に合併され、六合地区となっていた。その観光協会が芳ヶ平湿原展望と、「穴地獄」と呼ばれるチャツボミゴケ群生地を車で案内してくれる企画に参加した。

噴火のおそれありと白根火山近くを通る山岳道ではいろいろ制限が多い中、地元の人の車で案内されるのは幸運だった。十数年前に来たのは六月だった。緑の湿原と、濃淡のピンク色で陽春を讃えるツツジやイワカガミの花々に迎えられたが、今回は、草紅葉の褐色と笹原の薄緑の大画面に、コメツガの濃い緑、ナナカマドの赤、池塘の青が無数の点描を広げる秋の芳ヶ平を、日本国道最高地点から眺めることができた。

車は紅葉の山々に囲まれた空中散歩のドライヴの後、林の中の道を走り、チャツボミゴケ大群生地へと向かった。以前、訪れた際には、興味深い、珍しい光景として心に刻まれたが、変化に富む、長い歩きの通過点の一つに過ぎなかった。しかし、今回は、地元の方の丁寧な説明を受けながら、鮮やかな緑を敷き詰める苔の、幻想的な世界をじっくりと辿ることができた（グラビア参照）。

パンフレットのいずれにも、「緑のビロードのような」という表現があるが、私もまた、それ以上の言葉を思いつけない。この柔らかで、艶やかな苔の広がりは、ここを流れる弱酸性の鉱泉水によるものだという事実に、先程まで接してきた火山とのつながりを目の当たりにする思いで、大自然のなせる業を実感した。また、「穴地獄」の穴は、昔、ここで鉄鉱石の掘削がなされた跡で、そこに流れ込んだ鉱泉水を好むチャツボミゴケ誕生という話には、人間が自然から得る二重の恩恵を痛感した。この湿原は現在、ラムサール条約（注）に登録され、厳重に守られているという。安堵した。そう言えば、この群生地に至る道で通り過ぎた、若く、細い木々の林は昔、鉄鉱石掘削に携わった二千人ほどの集落の跡地だと説明された。全て採り尽した跡が再び、自然に戻っていることがうれしい。

六合地区の六合の一つ、赤岩集落も訪れた。まさしく、小さな、美しい村であった。ゆるやかな傾斜地、段丘の上に築かれ、村の主道に沿って養蚕農家が立ち並ぶ。二階の外に廊下が張り出しているのが特徴で、通路として使われ、養蚕の作業に室内を広く利用する知恵の所産だそうである。幕末から明治時代に建てられた家々は簡素ながら、頑丈で、堂々たる風格を有し、植樹の見事な庭、立派な土蔵や納屋を備えている。群馬県の絹遺産群の一端を担った赤岩集落は「重要伝統的建造物保存地区」に指定されている。

養蚕農家にはさまれて見落とされそうに小さな毘沙門堂があった。野の小径の先にも、風情のある観音堂が木々に埋もれていた。隙間もないほど耕されて、様々な野菜や花々が植えられた畑の中にも、古びて壊れそうなお堂が建っていた。山並みを見晴らし、渓谷を見下ろす展望の地にも、東堂と呼ばれるお堂がひっそりと建っていた。村の鎮守神社は長い石段を登る山の上にあるそうだ。

山野が九〇％を占め、田んぼがほとんど見られない六合地区の、古来、厳しい生業を生き抜いてきた人々が、精神的拠り所として、願いをこめ、祈りを捧げた証だと思った。景観の美しさだけでなく、営々と生きてきた暮らしぶりを伝える「村の存続」に、私は強くこころを動かされた。それは、六合のもう一つの地区、小雨地区を訪れた際も同様だった。

小雨地区にある「冬住の里資料館」は豪壮な二階建て古民家である。「冬住みの里」とは、江戸時代から草津温泉湯宿を営む人々が、雪深い冬の間、草津を離れ、六合地区に移り、別宅を構えて暮らした名残である。母屋と三つの蔵には、草津を訪れた客人、文人、画家たちが残した書、絵、当時の生活がわかる民具や文献、使用された伊万里、漆器、美術工芸品などが陳列されている。手間暇かけて精巧に作られた品々、労苦が偲ばれる暮らしの道具類など――極寒、深雪、温泉という自然の恵みと試練に生身をさらし、生きる知恵をしぼってきた昔の人々の遺したものに触れたとき、人間の底力、そして、暮らしの原点を思い知らされた。

解説は、この民家の十五代目当主御夫妻による、説得力あるものだった。お茶を頂いた後、辞するとき私は、若山牧水が『みなかみ紀行』で、草津温泉からこの付近を通った際に詠んだ歌「九十九折《つづらおり》、けはしき坂を　降り来れば、橋ありてかかる　峡の深みに」に言及した。「車でご案内しましょう」と当主は即座に言ってくださった。

資料館の裏の方に、確かに、幾重にも曲がる急坂があって、そこから、白砂川渓谷の森が見渡せた。車はその渓谷にかかる橋に下り、止まった。はるか下方に、川の流れが数個の巨大な石を巡って水しぶきをあげていた。「あそこの石の上に木の板を掛けた橋があったのです」と説明された。その後、牧水が暮坂峠へ向かった、現在の県道五十五号線に出てドライヴは終わった。短い時間だったが、私は牧水の足取りを思い浮かべる機会に恵まれたことに感謝した。「おもはぬに　村ありて名の　やさしかる　小雨の里と　いふにぞありける」という牧水の歌の真意に触れた思いがした。

山里の夕暮れ時、地区の小型バスで最寄り駅、長野原草津口駅に着いた。駅前は大規模の工事がなされていた。新設中の道路、現在使用中の道路、近代的なアーチを空に描く橋などコンクリートの建設物が、縦横無尽に野、山、川を圧倒していた。八ツ場《やんば》ダム建設工事の一環である。現代の我々の暮らしぶりの一環である。

前日、高崎からの吾妻線の電車で、ダムの底に沈む吾妻渓谷を目に収めようと、窓にへばりついていたが、渓谷の最も美しい部分が車窓から眺められるところは全て、長い、長いトンネルの闇の中だった。新線路がすでに開通していたのだった。

同じダム湖とはいえ、六合村の野反湖は、花の咲く山々に囲まれ、釣り船も浮かばせることなく静寂を保ち、周りの自然に同化している。八ツ場《やんば》ダム完成時は、いかなる景観が壊された渓谷に生まれるのだろうか。

フランスの美しい村の散策は、異文化の中世時代の名残に魅せられ、わくわく、どきどきの楽しさ一杯の旅だった。しかし、今回の日本の美しい村訪問は、自分の生まれ育った国の、こよなく大切に思う自然の景観と古来の暮らしぶりを遺していく意味が、自らに重く問われる旅となった。

（注）ラムサール条約
一九七一年にイラン・ラムサールでの国際会議で採択された、「湿地、及び水鳥の保全」に関する条約

●フットパス歩き

## 英国のフットパス

英国のフットパスを、湖水地方とコッツウオルド地方中心に歩いた経験がある。フットパスとは英語で「歩く道」を意味し、英国では、二百年近い歴史をもち、総延長二十万キロに及ぶフットパス網がある。昔からのアクセスだった道を貴族が「土地囲い込み」によって閉ざした歴史の中で、庶民がそこを歩く権利を主張し、獲得していった闘いの結果生まれたものである。従って、自然歩道とか、ハイキングコースというよりは、カントリーサイド（田園地帯）だけでなく、市街地も、そして牧場や畑といった私有地も通過させてもらえる多様な環境の中の「歩く道」なのである。

「歩く文化」は、人間のレ・クリエイション（再創造）と、環境の景観保全の実現、維持に、大いに貢献してきたという。田舎のフットパスを歩いていて、看板や広告や案内板など、景観に不釣り合いなものには一切出くわさない。昔ながらの石造りの家並をぶち壊すような、現代風な、安直な建造物、ホテル、商店、アパートなどがびっくり出現することもない。英国の田園の自然と景観の保全は厳しく役所によって守られ、歩く人々によって支持され、従われているという。自然と人間が共同して創り上げた美しい環境をしっかりと保全し、その中をただ漫然と歩くだけで、ひとの精神は生き返り、前向きになることを、英国の人々は確信し、共感してきたのだという。

ロンドンから鉄道で、私は湖水地方の玄関口ウィンダミアに到着した。駅前からすぐ、人を誘い込むようなフットパスが「オレストヘッドへ」という標識の先にあった。小高い丘への、本当に何気ない、小一時間ほどの散策路であった。丘の上から、一面緑の牧草地に点在する羊の群れ、そして秋の色にうっすらと染まる木々と常緑樹が円やかな線を描き、夕映えの湖面が周りの山々の影を映していた。印象的なのは、山々が日本で目にするように樹木に覆われることなく、岩肌を見せ、中腹まで牧草地が続く光景だった。

はるか昔は、英国全土の山々も、森林だったが、長い年月をかけて伐採され続けたという。特に、産業革命で「世界の工場」と化した頃の自然破壊は大きく、その反省から、労力と財力をかけてこれまで再建の道を歩み、人の手によって作り変えられた自然が生まれたのだという。

それから、湖水地方の生んだ詩人、ワーズワースが散策したフットパスを歩いた。湖畔を辿りながら思い出したのは、学生時代に習った彼の長篇詩の一節「思慮なき若き時代とは異なるさまに、われ自然を眺めるすべを学び、人性の静かなる悲しき音楽をしばしば聞く」（田部重治訳）であった。このフットパスの出発点、湖畔の彼の邸宅で、愛娘を喪い、片腕だった妹が精神を病んだ、それぞれの部屋がそのまま遺されているのを見学した後だったからであろう。鉄道がウィンダミア以遠に敷かれるのを阻止して自然保護の礎を築いた「歩く詩人」の魂に触れる思いで、水辺のフットパスの歩みをかみしめた。

昔さながらの家並が残り、童話の舞台のように愛らしいコッツウオルド地方の村々をつなぐフットパスを歩いた。観光案内所でもらった地図を頼りに、喧噪の車道歩きの後、野や畑の中の安らぎの小道に入った。やがて、大きな農家の敷地内を通り抜けていく。水車小屋や牛舎の横、白鳥の遊ぶ池のふちを周り、牧場の柵の踏み板を越えて牧場の中へ。牛糞が散在する中、その匂いに包まれながら、次の標識を探して歩き回る。空と、はるかかなたの集落と、なだらかな丘陵しか見るものはない。当たり前の、何の変哲もない田舎の

牧場の木戸をあけてしめて歩き続ける

大きな農家の私有地の中へとフットパスは続く

光景の中、ひたすらに歩くというのが英国式ウオーキングなのだろう。
　歩け、歩けと目標に向かい、到達する達成感を重視するよりは、歩く過程に喜びを感じ、自然に浸るという野山歩きの文化と表現されている。十数万人に及ぶという「散策愛好者協会」は、自分たちの国土をできるだけ自由に、大切に歩き回りたいという欲求と権利を、人間らしい生き方として堂々と主張しているのだという。頂上を極める歩きがもはやできなくなった私が今、行っている「再訪の山・山麓を歩く」も、英国のフットパス歩きと一脈通じるものがあるかもしれない。

　日本にも古来、四国遍路、熊野古道、大和路、西行や芭蕉など旅の詩人が歩いた道といった「歩く文化」はしっかりと根付いている。現在は、英国のフットパスにヒントを得て、北海道を中心にフットパスと呼ばれるものが生まれている。また、英国政府主導のナショナル・トレイル（百キロメートル以上の距離のフットパス）を手本に国土交通省が東海道自然歩道などを整備するようになった。英国の散策愛好者協会に当たるような「日本ウオーキング協会」も生まれ、「美しい日本の歩きたくなる道５００選」を選出したりしている。

公に設定された、見どころの多い道をさまざま選んで辿るのも楽しいことだが、誰にも自分の思いのこもる道が、有名、無名に関わらずある。日々たどる散歩道、故郷の海、山、川を巡る道、花に誘われて訪れる道、親しかった人と語らい歩んだ懐かしい道——何か特別な景観があるわけではない見慣れた道であっても、歩くということは、人の心身に根源的に関わるもので、到達点に向けて、迅速に、快適に、合理的に走る車では得られない貴重な営みなのだと思う。

「再訪の山・山麓を歩く」の最終篇に、一人の散策愛好者として、私流のフットパス歩きを披露してみよう。

●フットパス歩き

## 奥日光・湯ノ湖から中禅寺湖へ

奥日光湯元温泉にある湯の湖湖岸を廻る自然研究路から、豪快に流れ落ちる湯滝に出る。滝は湯川となって原生林の中に入り、この清流に沿ってフットパスが続く。うっそうと茂り、水際まで緑を垂れる大樹の森は幾種類もの野鳥のさえずりに満たされている。

やがて道は草原の中の木道に入るのだが、その前に、ふしぎな雰囲気の漂う「泉門池《いずみやど》」で憩う。水面に浮かぶ水草が陽を受けて光り、色あせて朽ちた倒木や枯れ木が周りを囲む。陰と陽、みずみずしい生気と枯淡な味わいである。ミズナラの林の切れ目から男体山が青空に向かって立ち上がり、目前の池には数羽のマガモが遊んでいる。ベンチに腰を下ろして、自然の創り出す得も言われぬ空間に身をゆだねる。

戦場ヶ原自然研究路に入ると、大草原の向こうに、連なる山々が姿を見せる。男体山はその全容、左奥には、大真名子山、小真名子山、更に前面に、太郎山、山王帽子山と続い

水の中に朽ち果てていく樹木（湯川）

戦場ヶ原に現れる山々

ている。男体山は、ここでは山々の家族の長として堂々とした風貌である。目を草原に向ければ、緑の原は季節に応じて、高山植物の花々が彩りを添える。私が訪れた日には、ワタスゲが清らかな白い点々をまき散らしていた。火山国日本ならではの自然景観……火山の造り出した湖、川、滝、高原に接して、その成り立ちや推移を学べる「自然研究路」をシャクナゲ橋まで楽しむことができる。

尚も、湯川に沿って、両岸のさまざまな樹々を愛で、川の流れの中に、堆積物で出来上がった小島が植物を生み育んでいる様をいとおしみながら歩みを進めれば、奥日光のもう一つの滝、竜頭の滝の上に出る。ここで大休止、その後、車道を一部通るとはいえ、フットパスは中禅寺湖へ辿り着く。

車道歩きを避けたければ、戦場ヶ原から小田代原《おだしろがはら》に向かうフットパスもある。その後日光で一番美しいとされる林を抜けて、ひそかに眠る小さな湖を訪れるコースである。

十月中旬、私は地味な黄褐色に染められた草紅葉の広がる小田代原から、このコース専用のハイブリットバス（低公害車）を利用して訪れた。「西《さい》ノ湖入り口」下車、大規模なカラマツ林に白樺の混じる中を歩く。黒味を帯びたカラマツの幹と白樺の幹が真っすぐに立ち並ぶ空間は実にすがすがしい。ほっそりとした、背の高い美人の集合体のようだ。陽が黄葉を通して、下草もまばらな地面にたっぷりと届く、明るく、のびやかな広がりの中、足取りも軽い。

やがて、吊り橋に至り、そこを渡ると、林の様子は一変する。ミズナラの巨木が四方八方に思うがまま枝を伸ばしている。何の遠慮もなく、堂々と、物怖じせずといった具合である。鹿が入らぬように網が張り巡らされているが、網の向こうは、様々な樹木が思い思いの姿で、自分の存在を表現している。倒木もそのままに放置され、苔むしたり、草が生えたりしている。

そう、ここは、掲示板によると、「遺伝資源を自然生態系内に広範囲に保存する保存林」であった。人手を加えず、自然の維持に委ねる、いわば無造作な林の姿に、私の心も解き放たれていく。

「良かったですね。あなた方は車の排気ガスから守られ、人間による利用や、干渉や、はく奪を免れて、あなた方が自由に生きたらどうなるのか観察し、あなた方が未来に生き残るための研究をすることだけが、人間に許されるという状況にあるのですね。その傍らに続く人間の歩く道を、いま、私は遠慮がちに、でも、こころ安く歩かせてもらっています」

幹の周りが保護板で巻かれている木々がヤチダモではないのかと見当をつける。西ノ湖の水位が変わり、林の一部まで水につかることもあるので、水辺を好む木々、ハルニレやヤチダモが生育するのだという。木々の生きざまに触れるにつけ、これまで花にばかり集中してきたが、木々のことをもっと知りたいと思うようになった。

保存林を抜けると西ノ湖に出る。ひっそりと静まり返り、紅葉も色を抑えた、地味で落ち着いた風情である。倒木に腰を下ろして、湖面のさざなみが淡い光にゆらめくのを見る。かつて中禅寺湖の一部であったというが、大々的な魅力で観光客を惹きつける中禅寺湖の傍らに、こんなにも静かな美しさを秘める小さな湖を生み出した自然のはからいに感じ入ってしまう。

二時間余、こうして木々と共に息をして歩いてきた自分が別人になったような思いがする。じわじわと、木々の放つ気に感化されていくのを覚えた。

中禅寺湖に至ると、またもや男体山が巨大な体躯を湖面に映していた。湖畔にある二荒山神社中宮奥の登拝門から、急こう配の石段を見上げた。標高差千二百メートルの直登、ご神体である男体山への厳しい難路の始まりである。私はそれを避けて、いわゆる裏口のルート、北の志津小屋経由で男体山を訪れたことがある。あいにくの天候で、頂上からの中禅寺湖をめぐる山並みの絶景に接することはできなかった。関東の百名山はすべて登りたいという意欲に満ち溢れていた頃だったから、その一つを踏破したことで満足していた。

しかし今、登拝門の前に立ち、まっすぐ空に向かう石段の先に、霊峰への正統な道が続いているのを目前にした。一合目から頂上まで、樹林帯あり、花の出迎えあり、ガレ場あり、火山性の砂礫の原あり、大石ゴロゴロの岩場ありの、変化に富んだ、古来、修行の道が待ち構えていたのだ。私にはその道を辿る力はもう残されていない。

逸したものの大きさを実感した瞬間であった。

●フットパス歩き

## 国蝶オオムラサキ自然観察歩道

中央本線日野春駅から次の長坂駅まで三時間の散策歩道、「国蝶オオムラサキ自然観察歩道」を歩いた。釜無川とその支流に沿ってのびやかに広がる田園の向こうに、白く長い壁を張り巡らす南アルプス連峰、季節に応じて多彩な草花や樹々の花が溢れる野道そして里の家々、オオムラサキをはじめとする昆虫観察に適する自然林、坂を登ればブルーベリー畑のかなたにもう一つの山並み、八ヶ岳連峰が優美にその裾野を伸ばしている。

オオムラサキの森と称される小さな山を越え、深沢川沿いに、樹々の茂みの下に続く畑の中の細道を行く。ここがオオムラサキの発生地であるという。世界に誇るこの華麗な国蝶は、手入れのいきとどいた雑木林と水の豊富な農耕地に恵まれた里山にこそ生育するもので、自然環境を測る目安になる「指標昆虫」だという。七月中旬、十センチほどの大きな羽をひろげて空を覆うほど飛ぶという光景を思い浮かべながら、川縁から登り路を辿れば、長坂の町に入る。

小著『再訪の山』第三章の締めくくりとして、このフットパス歩きを採りあげようと思った。それは、高山を単独で歩く初めての経験をしたのが八ヶ岳であり、「高山登頂を以後、断念しよう」と決意した山が南アルプス連峰の一座、アサヨ峰だったからである。その山々の山麓を歩き、仰ぎ見て、自らの山の人生に思いを致したいと思ったのである。

この散策路の目玉の一つ、「八ヶ岳展望スポット」から眺める八ヶ岳の姿は、ここに来るまでの道程で南アルプスの威容を見慣れてきた目には、優しく、遠慮がちに映る。しかし、これは南麓から眺めた特有のもので、別の角度から眺めれば、八ヶ岳連峰は標高といえ、猛々しさといえ、南アルプスの山々に引けをとるものではない。赤岳を中心とする南八ヶ岳の岩稜登山は厳しい試練の連続である。

初心者の頃、山歩きのリーダーに連れられて、二、三人の仲間たちと、八ヶ岳の八つ峰の一つと数えられることもあるが、あまり人に知られていない「峰ノ松目」に登ったときだった。帰途、その日に泊まる予定のオーレン小屋へ下る分かれ道で、リーダーは私に提案した。「良い機会だから、硫黄岳を往復していらっしゃい。この道を辿ればすぐだから。私たちは何度も行っているから、お先に小屋に戻ります」

初めて、たった一人で山道を辿った。不安で、心細くて、興奮した。硫黄岳山頂はだだっ広くて、トウヤクリンドウが砂礫の地を埋めていた。夕映えの明るさの中に、まだ人の姿があって、ほっとした。道標を再確認、地図を再確認。高鳴る胸と力強い足取りで、無事、小屋にご帰還となった。

この一時間余の一人歩きの経験は、その後の私の飽くなき山への思い入れと実践の日々の基となった。単独行だけではなく、リーダーの指導や仲間たちとの交流に恵まれたグループ登山の積み重ねもあって、私の登山経験は充実していった。

しかし、その両方ともに、終止符を打つ日が二十年後、訪れることになる。

散策路のもう一つの目玉である「甲斐駒ケ岳展望スポット」に立ち、その日のことを思い出していた。憬れの名峰「甲斐駒」の登頂は無理でも、それに近いアサヨ峰ならとの思いで、友人を誘った。北沢峠から栗沢山を経ての長時間の登りに耐え、アサヨ峰頂上に達し、南アルプス屈指の展望を享受した。

下りに転じると、目前に、甲斐駒の特異な岩峰「摩利支天」がほとんど垂直にせり上がっていた。天空を突く巨大な頭の花崗岩の白、威風堂々たる体躯を覆うハイマツと樹林帯の緑、配色の妙を得て、気品と豪快さを兼ね備えた山容である。これに接したいがゆえにお隣のアサヨ峰登頂を企てたのであった。

しかし、目を奪われ心に留める余裕はなかった。足元の岩稜の険しい急降下の道がそれを阻んだ。当時はまだリウマチの発症に気づいていなかったが、肘と膝の違和感は強く意識していた。甲斐駒が迫りくる喜びより、悲鳴をあげる足腰の処理に追われる一歩、一歩

甲斐駒・頂上と摩利支天

歩きにくい岩礫の道

だった。登ったら降りなければならないという当為をこなすだけで精いっぱいだった。

何とか仙水峠に下り立ち一息ついた。大小の岩礫が思いのままゴロゴロ転がり、広がる岩原に、丈の低い灌木が初秋の色をにじませ散在していた。荒々しくも和みのある日本庭園を思わせた。南アルプス随一の白亜の殿堂、甲斐駒にもっとも接近する地点であった。ここに座り込んで、疲労に押しつぶされそうな自分に長い休憩を与えたかった。しかし、午後の最終のバスの時間が迫っていた。健脚で、私よりはるかに若い同行者Kは、歩みを止めなかった。

なおも歩きにくい岩礫のガラガラ道に往生して、私の足はもつれ始めた。仙水小屋が見えてきたとき、私は「ここに一泊して帰る」とKに伝えたいと思った。しかし、前を行くKに追いついて、自分の状況を説明して了解を得る気力さえ残っていなかった。そして、最後は、小さな登り下りはあるものの、樹林帯の平らな道を絶望的に走って、バスに間に合わせたのである。

アサヨ峰登頂経験は私に、本格的登山の「終わり」を認識させる契機となった。

ひとの一生、何事にも「終わり」は訪れる。徐々に心の準備をするのが常であろう。「終わり」を受容するには時間がかかるものである。しかし、私の断念は、身のほどを知らされる経験によって、突然、促されたものだった。自分自身の安全のためにも、他人への迷惑を考慮しても、私は「終わり」を決断しなければならなかった。

展望スポットにある展望図を参考に南アルプス連峰を仰ぎ見る。中心に侍るピラミッド、甲斐駒の横に、わずかに小さな頭をのぞかせているアサヨ峰を認めた。私にとって、人生最後の日本アルプス登山の記念碑となった山である。八ヶ岳登山に始まり、アサヨ峰で終止符を打った高山への挑戦であった。その間二十数年、山への魅力にとりつかれ、無謀にも、あれやこれやと奥深くまで立ち入り天空近くまで達しようとした私を、山は、ある時は迎え入れ、ある時は拒否し、ある時は試練を与え、課題を突きつけてくれた。病を得、衰えを感じ、中途までしか辿れなくなっても、訪れれば必ず、身に余る程の生気をそそぎこんでくれた。そして、山々からの恵みを受けて育まれてきた麓の集落の在りように触れるたびに、自然と人との関わり方を真剣に考えるようになった現今がある。

頭を上げ、西日にかすむ峰々に目を凝らし、高みに向かって、「わたしの溢れる熱い思いよ、届け！」と念じたのであった。そして、今度は、黒蝶の舞う時季に再訪し、山々にも再びまみえようと心に期したのである。

# 参考文献


『東京付近の山』（実業之日本社）
『ブルーガイド　ハイカー6　日本アルプス』（実業之日本社）
『東北百名山』（山と渓谷社）
『関東百名山』（山と渓谷社）
『旅名人ブックス　クロアチア』（日経ＢＰ企画）
『ニュージーランドの大自然を楽しむ本　エコツアーと世界遺産の旅』（河出書房新社）
『永遠の尾瀬―自然とその保護』菊池慶四郎（上毛新聞社）
『尾瀬アヤメ平の40年』菊池慶四郎（上毛新聞社）
『自然保護運動の原点』福島県自然保護協会の歩み（東京新聞出版局）
『フランスの美しい村』吉村和敏（講談社）
『イギリス緑の庶民物語　もう一つの自然環境保全史』平松紘（明石書店）
『ウォーキング大国イギリス　フットパスを歩きながら自然を楽しむ』平松紘（明石書店）

**【著者紹介】**

児玉　すみ子（こだま　すみこ）

1935年　東京生まれ

津田塾大学英文学科卒業

1959～89年　東京都公立学校教員

1965～66年　ミシガン大学留学（フルブライト教員プログラム）

1989～2001年　横浜国立大学講師

著書：『若いいのちの像《すがた》　私のカウンセリング入門』（ウイ書房　1986年）

『教室のミニ舞台から　こぼれ話20』（ウイ書房　1989年）

『旅に想う』（文芸社　2012年）

# 再訪《さいほう》の山《やま》

2018年9月19日　第1刷発行

著　者 ― 児玉《こだま》　すみ子《こ》

発行者 ― 佐藤　聡

発行所 ― 株式会社 郁朋社《いくほうしゃ》

〒101-0061　東京都千代田区神田三崎町2-20-4

電　話　03（3234）8923（代表）

ＦＡＸ　03（3234）3948

振　替　00160-5-100328

印刷・製本 ― 株式会社東京文久堂

装　丁 ― 根本　比奈子

落丁、乱丁本はお取り替え致します。

郁朋社ホームページアドレス　http://www.ikuhousha.com

この本に関するご意見・ご感想をメールでお寄せいただく際は、

comment@ikuhousha.com　までお願い致します。

 ISBN978-4-87302-677-0 C0095